智库 中社

国家智库报告 2017（37）
National Think Tank

经　济

中国宏观经济季度预测与政策模拟

（2017年第3季度—2018年第4季度）

娄峰 著

CHINA'S MACROECONOMIC QUARTERLY FORECAST AND
POLICY SIMULATION (2017 Q3RD~2018 Q4TH)

中国社会科学出版社

图书在版编目（CIP）数据

中国宏观经济季度预测与政策模拟.2017年第3季度—2018年第4季度／
娄峰著.—北京：中国社会科学出版社，2017.10
（国家智库报告）
ISBN 978 - 7 - 5203 - 1245 - 5

Ⅰ.①中…　Ⅱ.①娄…　Ⅲ.①中国经济—宏观经济—经济预测—
2017 - 2018②中国经济—宏观经济—经济政策—研究—2017 - 2018
Ⅳ.①F12

中国版本图书馆 CIP 数据核字（2017）第 261005 号

出 版 人	赵剑英
责任编辑	王　茵
特约编辑	周枕戈
责任校对	闫　萃
责任印制	李寡寡

出　　　版	中国社会科学出版社
社　　　址	北京鼓楼西大街甲 158 号
邮　　　编	100720
网　　　址	http://www.csspw.cn
发 行 部	010 - 84083685
门 市 部	010 - 84029450
经　　　销	新华书店及其他书店

印刷装订	北京君升印刷有限公司
版　　　次	2017 年 10 月第 1 版
印　　　次	2017 年 10 月第 1 次印刷

开　　　本	787 × 1092　1/16
印　　　张	9.5
字　　　数	101 千字
定　　　价	45.00 元

前　言

自 1990 年以来，在总理基金和社科院重大课题经费支持下，中国社会科学院数量经济与技术经济研究所每年两次（4 月和 10 月）定期对中国的宏观经济形势进行滚动式跟踪分析和宏观经济指标预测，提交当年和下一年度的经济形势分析与预测报告，对中央和国务院采取的各项宏观调控政策起到了积极的咨询参谋和良好的宣传配合作用，获得国家和社会的高度肯定和认可。

作为"中国经济形势分析与预测"课题组核心成员之一，作者自 2005 年博士毕业后就加入该课题组，主要负责中国宏观经济大型联立方程系统模型的构建、更新和维护，是"中国宏观经济形势与预测"报告的主要执笔人之一。作者在多年的工作实践中，认为该报告有进一步改进的空间：一是从预测时间上看，"中国宏观经济形势分析与预测"是年度预测，是根据中国宏观经济年度模型对主要宏观经济变量（GDP、投资、消费、进出口、M1、M2、新增贷款、社会融资总额、CPI、PPI等）进行当年或来年的诸多经济指标预测。然而，随着世界经济一体化的迅速发展，以及中国经济市场体制的改革和转轨，中国经济变量结构性变化显著，国家和社会对中国宏观经济季度数据预测分析的需求越来越迫切。二是国家部委和社会对即将实施和已经实施的各种国家宏观经济调控政策的作用、影响、效果等非常关切，亟须获得相关的分析和评估。

因此，作者根据这种社会需求，结合多年的工作实践经验，开发出了"中国宏观经济季度预测模型""中国经济—能源—环境—税收—科技动态可计算一般均衡（CN3ETT-DCGE）模型可视化系统模拟平台""中国经济社会宏观—中观—微观一体化复杂系统（CNES-ICS）模型""中国多区域动态可计算一般均衡（CNMR-DCGE）模型"等系列大型模型系统，在定性分析基础上，应用"中国宏观经济季度预测模型"对中国宏观经济主要指标进行季度预测（预测期为六个季度，即每年三季度、四季度，来年一季度、二季度、三季度和四季度）；并且根据每年的国家宏观调控政策，选择1—2个社会比较关注的热点经济政策，应用"中国经济—能源—环境—税收—科技动态可计算一般均衡（CN3ETT-DCGE）模型可视化系统模拟平台"等上述系统模型进行定量的政策模拟分析。于每年 9 月定期出版《中国宏观经济季度预测与政策模拟》研究报告，以期对中国宏观经济的季度走势预测和热点政策模拟分析提供一点参考。

娄　峰

目　　录

第一章 2017 年上半年国内外宏观经济形势分析

  2017 年是中国"十三五"规划的第二年，也是"十九大"召开的重要历史时期，面对错综复杂的国际环境和持续较大的国内经济下行压力，中国政府根据"创新、协调、绿色、开放、共享"五大发展理念，坚持稳中求进、锐意改革创新，在适度扩大总需求的同时，加快推进供给侧结构性改革，大力推动大众创业、万众创新，国民经济运行总体平稳、稳中有进。2017 年 7 月 15 日，国家统计局公布了上半年中国宏观经济数据，这些数据表明，当前中国经济正处于转型升级的关键期，经济增长方式、经济结构正在发生深刻变化，经济增长新动力也在转变之中，但基础尚不稳固。总体而言，2017 年上半年中国宏观经济发展具有以下特征。

第一节　当前国际经济环境分析

自 2007 年美国次贷危机爆发以来，全球经济经历了近十年漫长而艰辛的复苏历程，而从目前发展态势来看，全球经济复苏呈现出更多积极因素，经济增速稳步回升，全球贸易呈扩展态势，世界贸易景气指数（WTOI）显示未来全球贸易增长进入上升通道，同时大宗商品价格进一步回升，全球通胀相对稳定，经济信心转向乐观，预计 2018 年复苏态势持续平稳，且经济增速进一步回升，而经济上行周期可能进一步延长。

尽管如此，全球危机仍无法被有效摆脱，不确定性风险仍将不断析出：第一，全球经济结构失衡严重，各主要经济体投资和有效需求不足，经济潜在增速偏弱，高债务高杠杆运行的模式给全球金融系统带来巨大的波动风险；第二，各主要经济体经济政策的外向系统性差，而内向边际效果锐减，宽松的经济刺激政策难以为继；第三，全球化贸易格局受挫，各国经济政策向国内收敛，贸易摩擦增多，全球贸易格局正在酝酿重大变革；第四，大宗商品价格的持续低迷与竞争性汇率政策可能加剧全球性通缩风险；最后，超长期低迷的经济形势正在消耗加剧复苏的信心，恶化收入分配格局，经济风险持续向政治风险转化。在这样的背景下，全球经济再平衡周期可以进一步拉长，且存在震荡风险，需特别关注金融汇率市场的系统性风险。

由区域经济看，目前，美国经济继续保持良好态势，经修正后 2017 年第二季度 GDP 增长率高达 3%，一方面，美国经济表现出前所未有的强劲增长态势，同时，失业率持续降低，源生性风险得以消除，再工业化进程加速，社会投资逐步回升；另一方面，前期低位运行的国际大宗商品价格间接地形成了对消费的有效支撑，削弱了国内通胀压力。良好经济表现加之美元走强预期，促进了跨境资金回流，美国经济增长的内生动力正在加强。但民众对于经济增长的信心出现波动，表现为非农劳动参与率偏低以及对当前政府政策稳定性风险的普遍担忧，同时美国也面临新一轮的财务整顿压力。保守派执政党为兑现竞选承诺并贯彻自身政治立场，必然进一步加快财政改革，推进结构性减税，扶植境内制造业并限制移民政策，同时被迫提高政府债务上限，美联储未来的货币政策将向执政党倾斜，这意味着美国货币政策存在波动风险甚至方向性调整，同时，为缓和加息、缩表计划给全球资本市场带来冲击以及防范其他主要经济体的货币政策对冲方案，美联储加息动力恐将进一步减弱，这间接稳定了全球经济预期，并为各国协调经济政策争取了时间。

欧元区在顽强地摆脱一个个衍生性危机的同时继续着艰难的复苏进程，欧洲经济整体内需回暖，经济复苏信心增强，法国、德国等主要经济体大选尘埃落定使得后续风险大规模缩小，国际资本有望持续回流，预计未来经济运行将呈现平稳态势，经济增速进一步持续回升。然而，英国脱欧事件带来的影响恐将持续发酵，未来民粹主义风暴、极右翼势力抬头以及难民问题的升级，都将可能再次重创欧洲经济一体化进展。更糟糕的是，欧洲央行的量化宽松政策难以为继，欧元区必须尽快实质性推进结构改革，着力解决经济结构失衡、实体经济空心化、就业压力加大、政策机制不协调、收入分配恶化等问题，同时努力消除欧元区财政政策独立和货币政策统一的相互掣肘局面，促进欧元区经济的均衡复苏和合理化结构配置。

最新数据显示，日本第二季度实际经济增速为0.6%，若折算为全年增速，则高达2.5%，高于日本去年同期水平，也高于欧美各主要发达国家水平。日本通过稳定注入的流动性宽松，使得通缩压力缓解，出口稳步回升，居民消费持续增长，同时日本采购经理人指数（PMI）持续走高，预示未来生产情况继续向好，企业信心进一步增强。然而人口老龄化趋势在压缩劳动力供给的同时，也对未来消费形成巨大而持续的挤出效应，日本长期经济增长引擎面临熄火，这也给计划于 2019 年进行的进一步税改施加了巨大压力。作为"安培经济学"核心内容的结构性改革仍然面临巨大挑战，日本经济长期运行风险有所积聚。

新兴市场国家正在经历严峻挑战，在全球有效需求不足、大宗商品价格低迷、全球贸易萎缩以及流动性错配等国际背景下，新兴市场国家自身经济结构存在的弊端凸显，经济增速普遍较前期大幅放缓，部分国家甚至出现负增长，但全球经贸格局的巨变也给以金砖国家为代表的新兴市场国家带来重大的发展机遇，未来应积极促进内部经济结构调整，针对性加强国际战略合作，加快重构全球经济发展的新格局。其中，印度货币改革的负面效应反复发酵，莫迪政府面临重大调整，但综合人口结构优势和国际资本流向，印度经济有望持续回升；巴西虽然暂时摆脱长期负增长的困局，但内生经济增长动力仍严重不足，国内政治局势持续动荡，经济运行仍存在较大风险；南非的经济低迷仍将持续，其内生经济增长动力严重匮乏，财政状况不断恶化，政治局势不稳，投资环境和消费水平短期难以改善；俄罗斯正在面临严峻的国内外经济环境，为实现未来经济增长，必须加速自身经济结构调整并谋求国际关系再平衡；东盟国家由于区域贸易环境的改善，将保持良好的增长态势；而以大宗商品出口为主要经济支持的中东、北非和拉美等其他发展中国家，在国际大宗商品价格完全转入上升通道前，难以彻底摆脱困境。

长期以来，中国经济增长对全球经济的稳定和繁荣持续发挥了高度积极的影响，特别是全球经济危机后，中国为全球经济有效摆脱困境并实现再平衡发挥了不可替代的重要作用，成为全球经济复苏最稳定、最核心的发展动力。然而，作为全球第二大经济体和第一大贸易体，中国的社会经济发展已不可能孤立于全球经济系统之外，两者间的交互影响日益显著。当前全球经济的稳定复苏和国际贸易的回暖，使得中国未来对外经贸环境整体以积极因素为主，在"一带一路"倡议和"金砖峰会"等国际合作机制的助力下，中国贸易伙伴结构正在发生变革，外贸格局正在趋于多元化、周边化和主动化模式，对欧美发达国家市场的依赖性减弱，同时，我国对外贸易自身的质量效益也有显著提升，微观层面的抗风险能力明显增强。

尽管如此，全球经济漫长而艰辛的复苏进程已经严重拖累各国对外经贸合作的信心，经济复苏状态的不均衡性和易变性导致各国经济政策向内倾斜，贸易摩擦加剧，全球贸易格局也在酝酿重大变革，在短期层面给中国的对外经济贸易带来风险，而在长期层面更对中国在国际政治和经济舞台中的战略性决策提出了更高的要求。而此前各经济体为刺激加剧而大量注入流动性宽松，在当前全球货币政策缺乏协调机制的条件下，可能给中国的金融和汇率市场的稳定性带来较大冲击。另外，诸如地缘政治等非经济干扰因素存在大规模爆发风险。

虽然世界经济面临着种种困难，但整体看来，发展与和平仍将是全球发展主题，世界经济逐步触底反弹。根据国际货币基金组织（IMF）预测（表1所示），2016年，世界经济增速为3.2%，比上年略有好转；2017年，世界经济继续复苏，增速为3.5%，比2016年增速提高0.3个百分点，世界经济逐渐走出低谷。其中，印度经济增长速度全球最高，GDP增速为7.5%，远远高于世界平均水平；西方发达国家除日本外，经济也在逐年恢复（尤其是俄罗斯，俄罗斯将于2017年彻底走出经济低谷，经济增速由负转正）；中国经济将持续、平稳、小幅下滑。

表1　　　　　2014—2017年世界经济增长趋势　　　　单位:%

	2014年	2015年	2016年	2017年
世界经济	3.4	3.1	3.2	3.5
发达国家	1.8	1.9	1.9	2.0
美国	2.4	2.4	2.4	2.5
欧元区	0.9	1.6	1.5	1.6
英国	2.9	2.2	1.9	2.2
日本	0	0.5	0.5	−0.1
新兴市场和发展中国家	4.6	4.0	4.1	4.6

续表

	2014 年	2015 年	2016 年	2017 年
俄罗斯	0.6	-3.7	-1.8	0.8
中国	7.3	6.9	6.5	6.2
印度	7.3	7.3	7.5	7.5
巴西	0.1	-3.8	-3.8	0
南非	1.5	1.3	0.6	1.2

注：2016 年和 2017 年为预测值。

资料来源：国际货币基金组织：《世界经济展望》，2016 年 4 月。

伴随着世界经济的好转，全球国际贸易也将逐渐复苏，根据世界贸易组织预测（如表 2 所示），2016 年，世界货物贸易量增速与上年持平；2017 年大幅增加为 3.6%，比 2016 年增速上升 0.8 个百分点，其中，发达国家的出口增速将从 2016 年的 2.9% 增加到 3.8%，发展中国家和新兴经济体的进口将由 2016 年的 1.8% 大幅增加到 3.1%。

表 2　　　　2014—2017 年世界贸易增长趋势　　　　单位:%

	2014 年	2015 年	2016 年	2017 年
世界货物贸易量	2.8	2.8	2.8	3.6
出口：发达国家	2.4	2.6	2.9	3.8
发展中国家和新兴经济体	3.1	3.3	2.8	3.3
进口：发达国家	3.5	4.5	3.3	4.1
发展中国家和新兴经济体	2.1	0.2	1.8	3.1

注：2016 年和 2017 年为预测值。

资料来源：世界贸易组织：《贸易快讯》，2016 年 4 月。

展望未来，新兴市场国家和发展中经济体应重点关注美联储货币政策正常化对大宗商品价格和各国汇率形成的负面冲击，审慎对待跨国资本流动给本国投资和实体经济带来的不确定性，重点防范系统性金融风险；同时，着力促进内需、积极推进体制改革、加快技术创新步伐并适时加强国际合作，是新兴市场国家和发展中经济体摆脱经济困境的有效途径。

第二节　国内宏观经济形势分析

一　经济增长趋于稳健、经济结构不断优化

根据国家统计局数据，2017 年上半年中国经济保持中高速增长，GDP 同比增长 6.9%，与一季度持平，经济增速连续八个季度保持在 6.7%—6.9% 的区间。实际上，自 2010 年第三季度以来，中国的经济增长已趋于平稳化，国民生产总值在其潜在增长均衡水平附近微幅波动，这基本符合国际学术界的"大稳健"（Great Moderation）现象。从理论上讲，这种经济现象背后的经济学逻辑一方面是在经济体系改革和技术进步等结构性因素影响下，宏观经济对外部冲击的吸收能力有所加强；另一方面，可以归因于正确而成熟的宏观调控措施和政策，这也从侧面说明随着中国市场经济体制的不断完善，国家宏观经济调控能力也在不

断加强，对灵活综合运用财政政策和货币政策等宏观调控手段和经验也逐渐成熟和丰富。

综合宏观经济四大方面的主要指标来看，中国上半年的经济运行呈现了增长平稳、就业向好、物价稳定、国际收支改善的良好格局，经济增长的稳定性明显增强。

好的态势更加明显，主要体现在三个方面。

一是结构在改革中优化。供给侧结构性改革的深入推进，使产需结构进一步优化。2017 年以来，服务业主导经济增长的特征更加明显，上半年服务业的增速快于二产增速 1.3 个百分点，服务业占经济的比重达到了 54.1%，高于二产 14 个百分点。制造业向中高端迈进，高技术制造业和装备制造业上半年同比分别增长 13.1% 和 11.5%，增速分别高于规模以上工业 6.2 和 4.6 个百分点，占规模以上工业的比重达到了 12.2% 和 32.2%。在需求方面，居民消费加快转型升级，高技术产业投资快速增长，消费结构和投资结构也在调整优化。

如果说三次产业结构反映了经济大类结构关系，细分层次的行业结构更反映了经济活动的内在素质和经济增长的动力源泉。近年来，战略性新兴产业、高技术产业等新兴行业继续保持较高增长，为经济稳定增长继续释放新的动能。2017 年上半年，规模以上工业战略性新兴产业增加值同比增长 10.8%，规模以上工业高技术产业增加值同比增长 13.1%，高于 2016 年 10.5% 和 10.8% 的增速，分别高于整个规模以上工业 3.9 和 6.2 个百分点。装备制造业增加值增速达到 11.5%，较 2016 年全年加快 2 个百分点，高于规模以上工业 4.6 个百分点。其中，电子、汽车、仪器仪表、专用设备和通用设备制造业分别增长 13.9%、13.1%、12.5%、12.0% 和 11.2%，均保持了两位数的增速。工业机器人、民用无人机、城市轨道车辆、SUV、新能源汽车、集成电路、锂离子电池、太阳能电池、光缆、光电子器件等新兴工业产品均保持了快速增长。

制造业内部结构呈现上述良性变化的同时，服务业内部结构变化也契合了新技术、新产业、新业态、新模式"四新"不断涌现的状况，反映了高水平、有效供给在市场上发挥了更重要的作用。新一代信息技术服务业、物流快递业、电子商务等行业增加值持续快速增长，如信息传输、软件和信息技术服务业同比增长 21.0%，邮政业同比增长 31.9%，租赁和商务服务业同比增长 9.8%；全国网上零售额同比增长 33.4%，其中，实物商品网上零售额同比增长 28.6%，高于社会消费品零售总额增速 18.2 个百分点，占社会消费品零售总额的 13.8%；非实物商品网上零售额增长高达 51.6%，超过全国网上零售额 18.2

个百分点。从对经济增长的贡献率看，信息传输、软件和信息技术服务业，批发和零售业，交通运输、仓储和邮政业对经济增长的贡献率分别达到 10.3%、10.2% 和 6.0%，比上年同期分别提高 1.1、1.2 和 2.9 个百分点。

二是动能在转换中增强。在产业结构优化的同时，需求结构也继续发生积极变化，最终消费支出对经济增长的贡献发挥了主要作用，消费结构继续转型升级。2017 年上半年消费对经济增长的贡献是 63.4%，资本形成贡献率为 32.7%，外需贡献率为 3.9%，消费是三大需求中最高的，其对经济增长的主力军、基础性作用得到了有效发挥。事实上，自进入经济新常态以来，中国支出法生产总值结构中，最终消费率和资本形成率一直呈现出趋势性变化特征。2011—2015 年，前者由 49.6% 持续提高到 51.8%，增幅达 2.2 个百分点，后者由 48.0% 持续下降到 44.7%，降幅达 3.3 个百分点，反映了需求结构持续改善，过分依靠投资带动经济增长的局面正在改变。

另外，放管服改革的深入推进使创业创新环境持续优化。2017 年以来，市场主体竞相成长，1—5 月全国新登记注册的企业同比增长了 14.7%，日均新登记注册企业 1.56 万户。新主体和新技术的发展有效地带动了新产业、新业态和新模式的成长，经济发展当中的新动能不断壮大。上半年全国实物商品网上零售额同比增长了28.6%，增速快于全国社会消费品零售额18.2个百分点，占社会消费品零售总额的比重达到13.8%，同比提高了2.2个百分点。战略性新兴产业同比增长了10.8%，增速高于规模以上工业3.9个百分点。经济当中的新的力量在不断增强。

三是质量在转型中提升。在经济保持中高速增长的同时，质量和效益进一步提高。今年的企业效益明显改善，2017年1—5月规模以上工业企业的利润同比增长了22.7%，增速高于去年同期16.3个百分点。2017年1—5月规模以上工业企业主营业务收入的利润率达到了6.05%，同比提高0.45个百分点。规模以上服务业企业的营业利润也保持了两位数增长，居民收入增速继续快于经济增长。2017年上半年全国居民人均可支配收入实际增长7.3%，高于去年同期0.8个百分点，比同期的经济增速快出了0.4个百分点。

财政方面，虽然企业减税降费的力度比较大，但由于经济稳中向好，企业效益改善，税基在继续扩大，这样上半年一般公共预算收入同比增长了9.8%，增速同比提高了2.7个百分点。

综合上面这些情况，2017年上半年中国经济稳中向好的发展态势更趋明显，为完成全年主要经济预期目标打下了坚实的基础。成绩来之不易，这是党中央、国务院一系列政策措施持续发力，特别是供给侧结构性改革深入实施所取得的结果，也是全国上下贯彻新发展理念，团结奋进、攻坚克难所取得的结果。

综上所述，2017 年上半年以来，在改革创新深入推进和宏观政策红利不断释放的共同作用下，中国经济保持了总体平稳、稳中有进、进中有优的发展态势，为完成 2017 年国家预定宏观经济发展目标奠定了较好基础；但也要看到，国内外环境依然复杂严峻，经济增长趋势下行压力依然较大，同时，地方债务风险、房地产泡沫风险、汇率风险等金融资产风险仍在进一步聚集、发酵和酝酿，这值得引起我们的充分重视和高度警惕。

二　工业结构继续优化、企业利润率继续改善

随着供给侧结构性改革稳步推进，"三去一降一补"重点任务在工业领域成效显现，产能过剩矛盾继续缓解，市场环境持续改善，工业内部结构继续优化。2017 年上半年，装备制造业增加值增速较上年全年加快 2 个百分点，同比增长 11.5%，高于规模以上工业 4.6 个百分点。其中，电子、汽车、仪器仪表、专用设备和通用设备制造业分别增长 13.9%、13.1%、12.5%、12% 和 11.2%，均保持了两位数的增速。消费品制造业增加值同比增长 7.1%，增速较上年全年回

升 2.3 个百分点。其中，医药、印刷和记录媒介复制、家具、酒饮料和精制茶制造业分别增长 11.6%、10.7%、10.4%、9.8%，均保持了较快增速。传统产业延续恢复性增长态势。机床、铸造机械、叉车、气体分离及液化、工商用制冷空调等通用设备制造，建筑工程、矿山、水泥、塑料加工、食品制造、农产品加工、纺织、电子工业等专业设备制造，以及载货汽车、家具、家电等与投资、房地产相关的行业普遍保持了较快增长。

2017 年上半年，六大高耗能行业增加值同比增长 3.2%，增速较上年全年放缓 2 个百分点，低于规模以上工业 3.7 个百分点。通过彻底出清"地条钢"等落后产能，强力整治违法违规和低端、无效的供给能力，有效供给增加。2017 年上半年，全国合规粗钢产量增长加快，大中型钢铁企业增长又快于小型企业，在生产回升的同时，工业用电量增幅也有所回落。

2017 年上半年，规模以上工业企业主营业务收入和利润总额同比分别增长 13.5% 和 22.7%，增速较 2016 年全年分别上升 8.6 和 14.2 个百分点；在企业利润保持良好增势的同时，其增长结构发生可喜变化，2017 年二季度，全部规模以上工业企业新增利润中，原材料制造业所占比重较一季度下降 20.2 个百分点，而消费品制造业提高了 8.8 个百分点，装备制造业提高 9.2 个百分点，高技术制造业提高 15.4 个百分点。主营业务收入利润率为 6.05%，同比提高 0.45 个百分点；从行业看，钢铁、汽车、电子等行业利润增长明显加快。2017 年 6 月，受钢材价格涨幅明显扩大、上年同期盈利下降等影响，黑色金属冶炼和压延加工业利润同比增长 1.1 倍，而 5 月则增长 5.7%；因汽车生产销售普遍向好、去年同期部分车企计提大额质保金引起 2017 年 6 月销售费用由升转降等原因，汽车制造业利润同比增长 19.6%，增速比 5 月加快 15.6 个百分点；受销售回升、一些企业集中结算收入等影响，计算机、通信和其他电子设备制造业实现利润 696 亿元，同比增长 22.9%，增速比 5 月加快 0.5 个百分点。上述三个行业合计影响全部规模以上工业企业利润增速加快 4.1 个百分点。

三　CPI 低位温和上涨，PPI 涨幅高位回落

2017 年上半年，全国居民消费价格比去年同期上涨 1.4%，涨幅比去年同期回落 0.7 个百分点；工业生产者出厂价格比去年同期上涨 6.6%，而去年同期下降 3.9%。总体上看，CPI 低位温和上涨，PPI 涨幅高位逐月回落。

（一）2017 年物价走势呈现出的特点

1. PPI 保持了连续 26 个月的上涨，目前涨幅仍然

较高，1—8月累计上涨6.4%。从PPI的分类指数看，不同产品涨幅的差异性很大，其中生产资料累计上涨8.5%，特别是采掘业、原材料等最上游的工业品价格增长最快，1—8月分别增长25.2%和12.2%，而同期PPI中的生活资料只有微小的涨幅，为0.6%。

2. 1—8月CPI涨幅为1.7%，总体来看没有随着PPI的较大涨幅而出现明显上涨，仍然低于央行货币政策目标。但是需要注意的是，CPI分类指数变动的差异性较大，不包括食品和能源的核心CPI增长率为2.1%，8月为2.2%，达到2013年以来的最高值；服务价格分类指数增长2.9%，保持在较高的水平。受2016年下半年开始的农产品价格持续走低的影响，CPI中食品价格分类指数在2017年出现了大幅的下降，从2016年的上涨4.6%，变为下跌1.7%。由于食品在CPI中的权重较大，为28.2%，对CPI的影响较大，因此目前较低的CPI增长主要是由农产品价格下跌引起的。食品价格的下降是2000年以来的首次，即有农产品价格周期波动的因素，也反映出农产品整体上供过于求的现状。目前食品价格的降幅已经大大收窄，8月同比下降0.2%，预计进一步下跌的动能已经不足。

3. 受到PPI特别是生产资料生产者价格增长的拉动，固定资产投资价格指数出现明显上涨，上半年增长4.6%，为2012年以来的新高。

4. 进口价格指数出现大幅上升，1—8 月平均增长约 12%，其中铁矿石等原材料和大宗商品的价格出现两位数增长。

（二）PPI 与 CPI 走势背离的原因分析

近些年，PPI 和 CPI 走势的相关性减弱，当 PPI 出现大涨大落时，CPI 只在一个很小的范围内波动，由 PPI 所代表的上游产品的价格上涨没有明显地传导到以 CPI 为代表的下游产品的价格上面来。对这一现象的原因进行细致的分析，有助于理解和判断 CPI 以及整体经济价格的走势。

PPI 没有向 CPI 传导主要与 PPI 中不同产品价格涨幅存在较大的差异性有关。PPI 中的产品分为生产资料和生活资料，权重分别为 0.76 和 0.24。从 2014 年开始，PPI 中生产资料和生活资料分类指数的变动出现很大的差别，生产资料价格在 -8%—8% 的区间大幅波动，而生活资料的价格波动区间仅为 -0.5%—0.6%。从 2017 年的数据看，1—8 月生产资料累计增长 8.5%，而生活资料仅仅增长 0.6%。

生产资料和生活资料生产者价格主要影响的下游产品分别是投资品和消费品价格，因此，在 PPI 中生产资料和生活资料分类指数涨幅出现很大差别时，对下游投资品和消费品价格的影响也有很大差别。受 PPI 涨幅较大的影响，固定资产投资价格也出现了较大幅度的增长，2017 年上半年上涨了 4.6%（2016 年是下降 0.6%），是自 2013 年以来的新高。

（三）未来 PPI 向 CPI 传导的可能性分析

由生产资料价格上升引起的固定资产投资价格上升，从理论上讲，也存在着最终间接传导到 CPI 的可能，但实际能否明显传导，取决于以下几个条件。

第一，生产资料和投资品价格变动是长期持续性的，还是短期波动性的。如果是长期持续性的，例如由于技术进步导致生产资料价格呈趋势性下降，就会对最下游的 CPI 产生明显的传导作用。如果这种上涨是一种价格的暂时性波动，经过一段时间之后价格就会回到原来的水平，不会对 CPI 产生明显的影响。

第二，总体经济的供求状况。在消费品市场整体上处于供过于求的情况下，上游投资品价格的上涨就很难传导到下游的消费品价格上，只有当供求关系比较紧张时，投资品价格的上升才会比较明显地传导到消费品价格上面。这也正是最近几年在整体经济出现供过于求的情形下 PPI 的变动不再向 CPI 传导的主要原因。

2017 年上半年，受全球经济回暖，世界主要经济体出现同步增长的影响，国际原材料等大宗商品的价格出现较大幅度的上涨，导致 2017 年上半年中国进口价格大幅增长了 12%，生产资料受国际原材料、燃料等大宗商品价格的影响较大，因此，进口价格的大幅上升成为 PPI 中生产资料价格上涨的一个重要因素。

同时，受基础设施投资快速增长的拉动，以及减少过剩产能政策在执行一段时间之后产生了效果，在生产资料领域供过于求的状况得到改善，国内钢材、煤炭等能源、原材料库存减少，价格出现上升。从工业部门整体情况看，供过于求的状况仍然没有得到根本改善。

因此，未来一段时间 PPI 价格变动向 CPI 传导的可能性不大，PPI 的大幅增长不会对 CPI 产生明显的向上推动作用。

除了 PPI 的传导，影响 CPI 变动的因素主要还包括超额货币、超额工资、农产品生产和价格的周期，价格改革等国内因素，以及大宗商品进口价格上涨等国际因素。

1. 进口价格指数大幅回升，将对 PPI 产生明显向上推动作用，对 CPI 影响小。进口价格指数在 2015 年底下降到谷底之后，开始大幅回升，在 2016 年上升 24% 的基础上，2017 年上半年大幅增长了 12%。预计大宗商品的价格还将继续上涨，期货市场今年大幅回暖，到 2017 年 8 月仍在猛涨。由于进口价格指数上涨主要是由铁矿石等原材料和大宗商品的价格上涨引起的，因此，进口价格的快速上涨将拉动 PPI 和固定资产投资价格指数的上涨，但是对 CPI 的影响很小。

2. 货币供给与经济增长相适应，不会对通胀产生明显的推动作用。从货币供给看，目前 M1 和 M2 增速持续降低，2017 年 7 月分别为 15.3% 和 9.2%，M2 的增速甚至降低到历史的最低水平，基本与当前的经济增长速度相适应。货币因素不会对 CPI 上升产生明显的推动作用。

3. 职工工资和居民收入增长速度降低，不会对 CPI 上涨产生推动作用。从工资和收入增长看，城镇单位人均工资和全国居民人均可支配收入增长速度在近 5 年一直处于下降的趋势，2017 年城镇居民人均可支配收入实际增长 6.7%，与 2016 年相比有明显降低，这是与目前经济增长速度和劳动生产率的降低相一致的，因此，工资和收入的上涨不会对 2017 年 CPI 上涨产生明显的推动作用。

综合来看，目前经济仍然处于下行阶段，工资和居民收入增长减慢，实体经济活动还没有走出低迷，上半年固定资产投资较高速度的增长很大程度上是由政府牵头的基础设施投资拉动的。快速的投资推动了水泥、钢铁等原材料的需求和投资。基础设施投资快速增长使得地方政府在融资方面使用风险较高融资形式的问题愈加突出，国家已经开始对风险较高的融资进行抑制，将会对未来投资产生抑制作用。

受基建投资增长速度大幅加快，以及去产能政策的执行的影响，原材料、工程机械设备等产业产成品库存水平下降，供大于求的状况已经有所改善，但是这种改善只是存在于部分产业，整体来看，产能过剩和企业债务杠杆率过高的问题还没有彻底解决，投资增速还将在未来一段时间在低位徘徊。PPI中的生活资料分类指数只有很小的涨幅，即来自上游工业品出厂价格的上涨在短期内不会对CPI上涨产生明显的影响。如果农产品价格不出现大的反弹，2017年CPI的涨幅会低于2%这一央行货币政策的调控目标值，估计在1.8%左右。

未来CPI价格变动幅度将越来越趋于降低。原因主要在于快速增长的产品多样性，使得产品之间的互补性和替代性大大增加，从而大大减少了整体价格的波动性。此外，抽样的样本点数也在大大提高，2010年国家统计局将全国CPI价格的调查网点由5万个增加到6.3万个，增加26%。统计中抽查样本数的增加也能起到降低CPI波动幅度的效果。

需要注意的是，虽然CPI预计只有很小的涨幅，但是2017年和2018年投资品价格将会由于PPI的大幅上涨而出现较大的涨幅，2017年全年预计超过5%，是近5年的最大涨幅。投资品价格的上涨对整体经济的影响应该得到重视。

四　民间投资增速有所回升，但依然低位运行

2017 年 1—7 月，民间固定资产投资累计 204640.28 亿元，同比名义增长 6.9%，增速比 1—6 月下降了 0.3 个百分点。其中，第一产业民间固定资产投资累计 8562 亿元，同比名义增长 16.3%，增速比 1—6 月下降了 0.3 个百分点；第二产业民间固定资产投资累计 100485 亿元，同比名义增长 4.3%，增速比 1—6 月下降了 0.5 个百分点；第三产业民间固定资产投资累计 95593 亿元，同比名义增长 8.9%，增速比 1—6 月下降了 0.1 个百分点（见图 1）。这说明当前宏观经济稳中向好的基础尚不牢固，有效需求不足，而且结构性过剩情况仍较为严重，对民间投资意愿形成一定制约。

尽管减税降费等降成本政策对民间固定资产投资增长有一定的刺激作用，但是明显加强的金融监管以及去杠杆政策在一定程度上也影响了中小民营企业的融资，进而导致民间投资增速放缓。未来应进一步完善鼓励民间资本投资的政策，拓宽投资领域，努力为民间投资发展创造更广阔空间。

民间投资增速回升主要得益于以下几方面因素。一是随着"三去一降一补"政策的推进，工业整体呈现供需向好、效益改善的运行态势，1—5 月全国规模

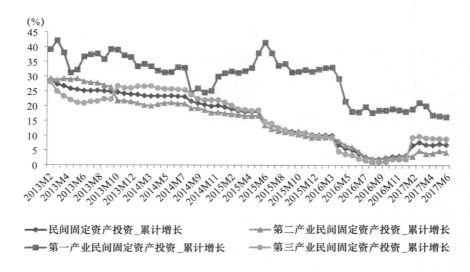

图 1   民间固定资产投资增长速度情况

以上工业企业利润增长 22.7%，良好的经济效益对企业投资产生积极的促进作用。二是相关政策效果逐步显现，民营企业的投资信心逐步增强。2016 年下半年以来，国务院办公厅《关于进一步做好民间投资有关工作的通知》《关于进一步激发社会领域投资活力的意见》等政策文件陆续下发，一些限制性领域的市场准入门槛持续降低，一系列政策措施的逐步落实改善了民营企业的投资环境。三是有关部门加大了对 PPP 项目的资金支持及操作指导。2017 年财政安排 7 亿元中央预算内资金支持地方开展 PPP 项目前期工作，目前已下达 6.5 亿元；同时发展改革委向社会公开了第二批 PPP 项目典型案例，以利于推动 PPP 项目更好地落地实施。

然而，从历史数据来看，民间投资增速依然处于历史低位，说明 2016 年和 2017 年上半年出台的相关刺激民间投资措施并没有达到理想效果，从影响因素上看，民间投资如此迅速回落的原因主要有以下几个方面。

一是民间投资受产品需求减少和生产成本加大的双重挤压。民间投资中 50% 左右集中于制造业，然而，随着中国经济增速的持续下行，以及国际需求的持续疲软，国内制造业（尤其是附加值较低的低端制造业）呈现出严重的产能过剩状态；而同时由于劳动力逐渐减少和房地产价格节节升高，企业的生产成本持续上涨，从而使得大多数的制造业企业利润率大幅下降，普遍陷入经营举步维艰的状态。而未来 1—2 年内，受到不明朗的全球经济前景、中国经济持续放缓、间歇性通货紧缩以及互相矛盾的政策信号影响，经济总需求依然难以出现实质性复苏，从而使得民间投资不敢贸然扩大生产规模。

二是民间投资存在资产负债表衰退的较大压力，"去杠杆"严重制约民间投资。由于产能过剩和需求不足，民营资本微观企业主体的收入端和资产端持续双重恶化，一方面是工业出厂品价格（PPI）连续 50 个月负增长，使得民营资本企业的产品价格经历了大幅下跌，甚至低于其成本价；另一方面是生产成本

（劳动力成本、税收成本、租金成本、融资成本等）快速上升，从而使得民营资本企业的负债压力日益加剧，进而使得民营资本微观企业主体面临资产端缩水、负债端压力增加的双重考验，其资产负债表风险逐渐加剧。

三是国内部分行业垄断严重，对内开放体制性约束较大。一些地方存在对民间投资进入准入门槛过高、改革不到位等情况，尤其是在通信、交通、石化、电力、水务等与居民相关的基础设施领域还存在不少"玻璃门""弹簧门"，从而严重约束和限制着民间投资的实质性进入。部分政策配套措施不完善和落实不到位，一些地方政府管理服务存在明显的缺失疏漏、监管不力、政策歧视等问题，也影响着民间资本投资积极性。另外，政府逆周期政策调节对民营企业产生部分挤出效应，因为大量稳增长政策带动基础设施投资保持高增长，而带动的主要是国有经济，银行信贷倾向于国有经济部门，从而造成国有企业在持续加杠杆，民营企业由于获得信贷支持的相对难度增加，使得民营企业在持续减杠杆，民营经济所占比重不断下降。

五　房地产投资增速回落，未来或平稳发展

作为现阶段中国经济重要的产业组成部分，房地

产业对经济增长具有重要的拉动作用，房地产投资在经济发展中扮演着"晴雨表"的角色。从 2017 年 1—7 月房地产的投资情况看，房地产开发投资增速放缓，商品房待售面积持续减少。

（一）房地产开发投资完成情况

房地产开发投资同比增速趋于下降。2017 年 1—7 月，全国房地产投资累计 59761.08 亿元，同比名义增长 7.9%，增速比 1—6 月下降了 0.6 个百分点；房地产住宅投资累计 40683.03 亿元，同比名义增长 10.0%，增速比 1—6 月下降了 0.2 个百分点；房地产办公楼投资累计 3708.26 亿元，同比名义增长 4.7%，

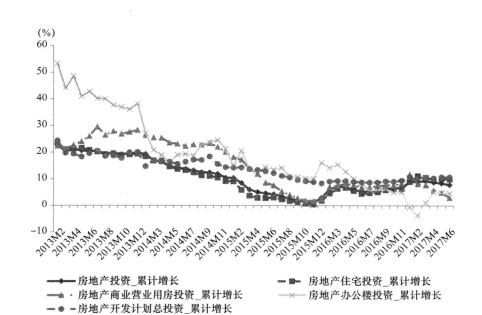

图 2　房地产开发投资增长情况

增速比 1—6 月下降了 0.1 个百分点；房地产商业营业用房投资累计 8834.45 亿元，同比名义增长 3%，增速比 1—6 月下降了 2 个百分点；房地产开发计划总投资 597900.63 亿元，同比名义增长 10.8%，与 1—6 月增速持平。

（二）房地产销售情况

房地产销售面积增速继续回落。2017 年 1—7 月，商品商业营业用房销售面积 5967.19 万平方米，同比增长 29.4%，增速比 1—6 月回落 3.1 个百分点；办公楼销售面积 2399.36 万平方米，同比增长 33.7%，增速比 1—6 月份回落 5.1 个百分点；商品房销售面积 86350.89 万平方米，同比增长 14%，增速比 1—6 月回落 2.1 个百分点，其中，商品房现房销售面积 20660.20 万平方米，同比增长 12.9%，增速比 1—6 月

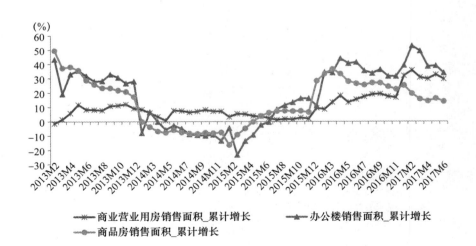

图 3　房地产销售面积

回落 2.1 个百分点，商品房期房销售面积 65690.69 万平方米，同比增长 14.3%，增速比 1—6 月回落 2.1 个百分点。

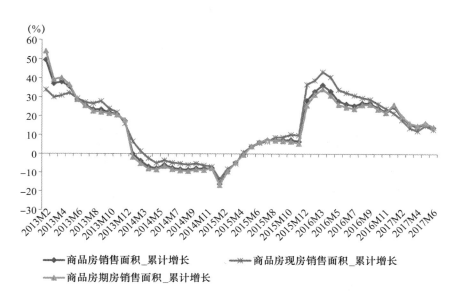

图 4　商品房销售情况

（三）房地产施工、竣工情况

房地产施工、竣工面积增速仍在下降。2017 年 1—7 月，房地产施工面积 707312.81 万平方米，同比增长 3.2%，增速比 1—6 月下降了 0.2 个百分点；房地产新开工施工面积 100370.80 万平方米，同比增长 8%，增速比 1—6 月下降了 2.6 个百分点；房地产竣工面积 47020.60 万平方米，同比增长 2.4%，增速比 1—6 月下降了 2.6 个百分点。

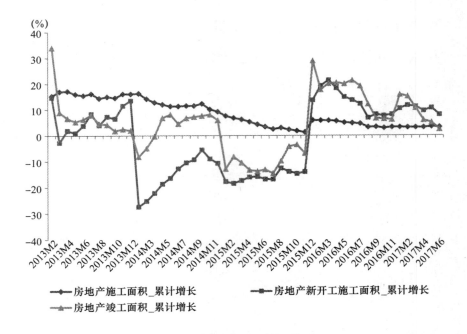

图 5　房地产施工、竣工情况

（四）房地产去库存化情况

房地产去库存效果继续显现。2017 年 7 月末，全国商品房待售面积 63496 万平方米，比 6 月末减少 1081 万平方米，较 6 月末下降了 1.67%。比 2016 年同期下降了 11.04%。全国商品房待售面积约为 2016 年全年商品房销售面积的四成。全国商品房待售面积自 2016 年 3 月起基本保持着稳步下降的态势。

中国经济在短期内的增长主要靠投资拉动，而投资主要来自三大领域：基础设施、房地产和制造业。其中房地产市场的变化，在很大程度上反映市场的景气变化。

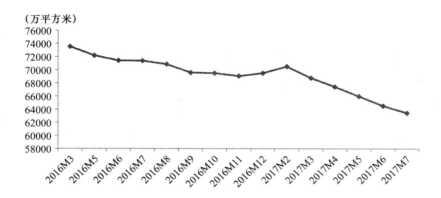

图6 全国商品房待售面积

房地产土地购置面积累积增长转正。从房地产土地购置面积的累积增长率看，经过了 2014 年、2015 年、2016 年三年的负增长后，2017 年出现正增长。2017 年 2—7 月的增长率分别为 6.2%、5.7%、8.1%、5.3%、8.8%、11.1%。

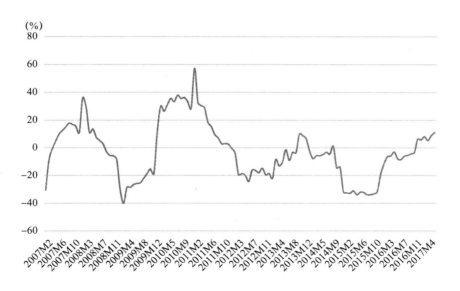

图7 房地产土地购置面积累积增长率

2017 年房地产新开工面积增长幅度收窄。从新开工面积累积增长率看，2016 年 2 月以来一直正增长，但 2017 年增长幅度收窄。2017 年 2—7 月的增长率分别为 10.4%、11.6%、11.1%、9.5%、10.6%、8.0%。这种现象与 2017 年 3 月国家出台的"认房认贷、提高首付比例、提高房地产贷款利率"等房地产调控政策有关。

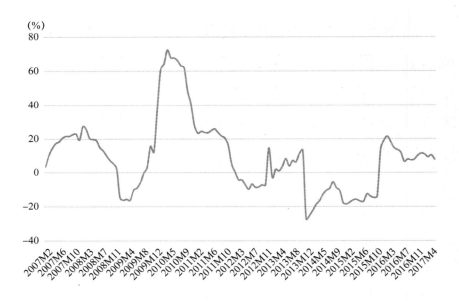

图 8   房地产土地购置面积累积增长率

从商品房当月销售的同比增长率看，也能看成2017 年 3 月以来国家房地产调控政策的效果。2017 年4 月以来总体呈现不断降温态势，2017 年 7 月当月销售的同比增长率为 2.02%。

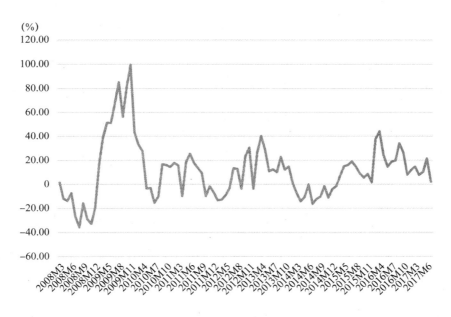

图9　商品房当月销售同比增长率

（五）2017 年第四季度房地产投资的预期

当前，政策的变动是影响房地产的投资情况很重要的一个因素，随着 2016 年第四季度房地产"因城施策"调控力度的加大，限购、限贷、限价、限售、限商之"五限"政策影响的持续发酵，房地产的投资增速逐步下降。尤其是在习近平总书记提出"房子是用来住的、不是用来炒的"房地产发展定位后，现行的调控政策已初显成效，"稳定房地产市场，坚持政策连续性稳定性，加快建立长效机制"提示现行的调控政策在未来相当长一段时间内仍将继续，直到房地产有效的长效机制形成。可以预测，未来房地产的投资增速仍将缓慢、平稳回落。

鉴于当前商品房去库存的任务依然艰巨，房地产市场还存在着区域性结构失衡和供需结构性失衡的严重问题，建议加强房地产市场的供给侧结构性改革、完善需求侧管理，优化现有调控政策体系，加快建立房地产市场的长效机制，促进房地产市场的健康发展。

六　消费增速平稳发展，消费新业态快速发展

2017 年 1—8 月，随着供给侧结构性改革和各项政策措施不断推进，经济运行总体平稳，结构调整继续深化，国民经济保持稳中有进、稳中向好发展态势。其中消费品市场继续保持较快增长，社会消费品零售总额同比增长 10.4%，增速与 1—7 月持平，比 2016 年同期高 0.1 个百分点。但消费品市场的增长是不均衡的，其中新兴业态呈现快速增长，实物商品网上零售额同比增长 29.2%，高于同期社会消费品零售总额增速 18.8 个百分点；基本生活类商品平稳增长，高端消费升级，休闲娱乐和旅游消费保持较快增长，石油、汽车类商品增速有所放缓，居住类商品增速继续回落。

随着经济增长新兴动能的不断壮大，以及消费新业态的推广普及和各种政策的完善，可以期待消费需求会持续保持较快增长态势。但不可否认，中国居民消费支出在 GDP 中的比重较低，居民消费率远低于世界平均 60% 以上的水平。消费相对不足的结构性矛盾

会直接关系到经济增长的可持续性和稳定性。消费需求薄弱、消费能力不足归根到底是经济的增长机制问题。经济增长问题在经济学理论上可以从两方面进行解释：从供给学派分析，根据新古典经济增长模型，经济增长是劳动、资本和全要素生产率三要素的变量函数，其中全要素生产率包含技术进步、资源配置效率、技术效率以及体制改善和管理创新等。从需求理论而言，经济增长是由投资需求、消费需求和净出口需求拉动，消费、投资和净出口是从所有最终产品价值来衡量 GDP。所以，长期经济增长的问题不是一个需求问题，而是一个供给问题，是一个国家的生产能力和生产效率问题。

通过比较可以发现，中国最终消费率偏低主要源自居民消费率太低。从理论上看，国内需求包括投资需求和消费需求，由于投资需求在一段时间之后便会转化为产能，消费需求才是真正的"最终需求"，是"需求不足"的根本原因。而消费需求包括居民消费和政府消费，通过比较分析中国政府消费率（等于最终消费率减去居民消费率）并不比其他国家低多少。因此，中国消费需求不足的真正含义是居民消费不足，即居民消费占 GDP 比重过低。而导致居民消费占 GDP 比重过低是由居民储蓄率持续上升、居民收入占 GDP 比重持续下降共同引起的。

1. 新兴业态的出现及新技术进步对居民消费的促进作用。各种网络支付技术和消费新业态的出现，极大地方便了居民的消费，网络商业零售总额的快速增长可以证明。

2. 劳动力人口的"新二元结构"对居民消费的制约影响。在现有户籍制度下，农民工进城就业，并没有享受到与当地居民同等的社会保障待遇，这种"新二元结构"的户籍制度提高了非本地户籍居民的预防性储蓄动机，也使外来移民容易受到信贷约束，进而制约其消费。

3. 公用事业行政收费占居民收入比例过高，直接减弱居民消费能力。目前，中国公用事业行政收费种类繁多，几乎涉及所有公用部门，包括水资源、电力、汽油等附加费，以及高速公路、机场等建设费。例如，按照 2013 年用电量估算，仅电价附加费一年可达 2000 多亿元。目前我国 10 多万公里的高速公路中 90% 以上要收费，专家估算，一年收费在 4000 亿元以上，有些高速公路已经过了银行贷款偿还期，但利用"统贷统还"政策使"东收西还"收费方式无限循环。这加重了中国居民的支出负担，从而削弱了居民改善生活的消费能力。

4. 土地市场扭曲直接导致房价的快速上涨是中国居民消费能力偏弱的一个重要原因。城市化的推进和土地供给的限制，在现有财政分权体制下，政府通过激励控制土地供给，推高房价，进而提高土地出让金收入。房价的快速上涨，增强了居民"为了买房而储蓄"的动机，导致居民储蓄率全面上升。可见，土地市场扭曲是我国居民消费需求能力不足的一个重要原因。

5. 教育、医疗等公共服务产品市场的垄断是居民消费率下降的一大原因。随着居民收入增长，居民在教育、医疗等方面的需求将持续上升，而供给远远赶不上需求的上升，缺乏竞争的教育和医疗市场造成了居民不得不为上学和医疗等储蓄。

七　财政收入增速回升，财政状况趋于好转

由于企业经营状况改善、进口贸易及土地交易规模上升等原因造成相关税收的增长，2017 年上半年中国财政收入增速明显加快。财政部数据显示，2017 年1—7 月累计，全国一般公共预算收入 110762 亿元，同比增长 10%，增长率比上年同期高出 3.5 个百分点，为 2012 年后最高水平。同时财政支出保持了一定的增长速度，2017 年 1—7 月累计，全国一般公共预算支出 116979 亿元，同比增长 14.5%，增长率比去年同期高出 1.5 个百分点。因此从前七个月的数据来看，2017 年财政收入增速回升较快，支出也高于去年同期水平。

虽然财政收支增速都有所提高，但是财政收支增速差值较去年同期有所下降。2017 年 1—7 月累计，财政支出快于财政收入 4.5 个百分点，小于去年同期的 6.5 个百分点，说明随着经济形势好转，2017 年上半年财政政策积极性有所下降。从财政支出的结构来看，教育支出 17088 亿元，增长 15.3%；科学技术支出 3413 亿元，增长 23.4%；社会保障和就业支出 16127 亿元，增长 23.5%；医疗卫生与计划生育支出 9387 亿元，增长 16.7%；城乡社区支出 12742 亿元，增长 16.9%。以上几方面财政支出增速均高于平均水平，可见政府在提高人才素质，促进科技研发能力，保障民生等方面加大了财政投入力度，体现了中央关于"补短板"的政策要求。

财政收入增速的回升使目前的财政状况有所改善。近年来中国连续使用扩张性的财政政策，可使用资金较为紧张。首先，由于次贷危机的影响，2008 年之后中国政府持续实行赤字财政，财政支出规模持续高于财政收入；其次，为了控制财政风险，近年来中国政府将赤字率控制在 3% 以下，一般公共预算收支缺口与预算赤字之间的差额利用财政结转结余及调入资金弥补；最后，随着财政扩张力度的增大，尤其在 2015 年、2016 年财政收入低速增长的背景下，政府在这两年共使用 1.4 万亿财政结转结余及调入资金补充财政收入，使得未来可供使用的资金较为紧张。2017 年上半年财政收入增速的回升缓解了财政资金紧张趋势，也为未来实施扩张性财政政策提升了使用空间。

八 工业库存水平下降趋势扭转，并逐渐缓慢提高

（一）工业产品存货数量的演变

工业产品存货数量不断增长。从 2017 年的存货数值演变看，总体呈现上涨态势。2017 年 2 月存货值为 10.99 亿元，到 2017 年 7 月提高到 11.69 亿元。同样的，产成品存货也呈现相似的变化，由 2017 年 2 月的 3.95 亿元，提高到 2017 年 7 月的 4.32 亿元。

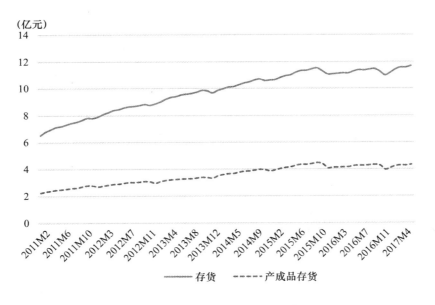

图 10 工业产品存货累计值演变

数据来源：国家统计局，数值以 2011 年 1 月价格指数为 100 进行折算。

2017 年工业产品当月存货总体呈现下降态势。从存货的当月变化值看，2017 年以来总体呈现下降态势，由 2017 年 4 月的 0.26 亿元下降到 2017 年 7 月的 0.12 亿元。但从单月看，2017 年 4—6 月呈现持续下降态势，到 2017 年 6 月下降到 0 亿元，2017 年 7 月略有提高，达到 0.12 亿元。

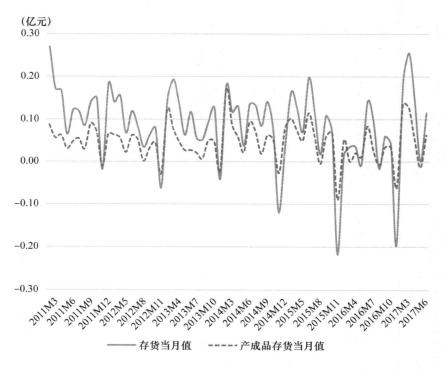

图 11　工业产品存货当月变化值

数据来源：国家统计局，数值以 2011 年 1 月价格指数为 100 进行折算。

（二）工业产品存货增长率的变化

2017 年工业产品存货同比增长率扭转下降态势，

呈现缓慢提高的特征。从存货的同比增长率看，2012年以来总体呈现下降态势。不过，从2017年3月开始，存货同比增长率扭转了不断下降的态势，增长率缓慢提升。2017年3—7月的同比增长率分别为0.83%、2.82%、3.79%、3.85%、3.57%。产成品的同比增长也呈现类似的变化，2017年3—7月的同比增长率分别为−0.70%、2.39%、3.18%、2.56%、2.01%。

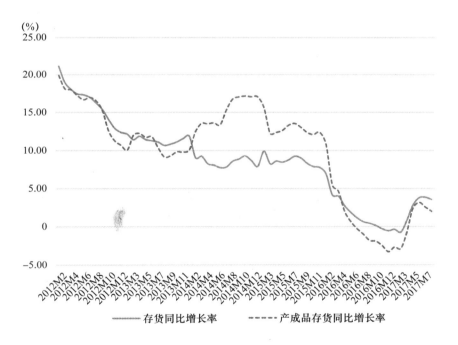

图12　工业产品存货累计值同比增长率

数据来源：国家统计局，数值以2011年1月价格指数为100进行折算。

2017年工业产品存货环比增长率缓慢提升。从存货的环比增长率看，从2017年3月开始，存货环比增

长率出现正增长。2017 年 3—7 月分别增长 1.70%、
2.28%、1.25%、0.01% 和 1.00%。产成品的环比增
长也呈现类似的变化，只不过，产成品增长率的波动
更大。2017 年 3—7 月分别增长 3.45%、3.13%、
1.26%、−0.32% 和 1.47%。

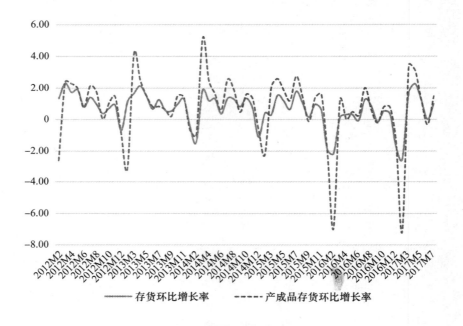

图 13　工业产品存货累计值环比增长率

数据来源：国家统计局，数值以 2011 年 1 月价格指数为 100 进行折算。

（三）工业产品库存周转率和库存周期的变化

库存周转率通常使用一段时间的出库金额或出库
量除以该时期的平均库存金额或平均库存量来计算。

$$r = \frac{V_s}{\overline{V}}$$

其中，r 表示期间 t 内的库存周转率，V_s 表示期间内的出库金额，$\bar{V}$ 表示期间内的平均库存金额。基于数据可获得性，使用主营业务收入表达出库金额。

工业产品库存周转率不断下降。随着存货数量的不断增长，库存周转率不断下降。2013 年存货周转率为 11.35，到 2016 年下降到 10.96；同样地，产成品存货周转率由 2015 年的 1.83 下降到 2016 年的 1.77。

表3　　　　　　　　　　工业产品库存周转率　　　　　　　　单位：次

	存货周转率	产成品存货周转率
2011	11.49	1.84
2012	10.95	1.82
2013	11.20	1.81
2013	11.35	1.82
2015	11.22	1.83
2016	10.96	1.77
2017	6.49	1.61

数据来源：国家统计局。

库存周期是一个与库存周转率相似的指标，表示库存的平均在库时间，用期间长度除以库存周转率就是库存周期。

$$p = t/r$$

其中，t 为期间长度，r 为库存周转率。

工业产品库存周期出现增长。随着存货数量的不

断增长，库存周期不断增大。2014 年存货周期为 1.06
月，到 2016 年增长到 1.09 月；同样地，产成品的存
货周期也由 2015 年的 6.56 月，提高到 2016 年的
6.80 月。

表4　　　　　　　　　**工业产品库存周期**　　　　　　单位：月

	存货周期	产成品存货周期
2011	1.04	6.54
2012	1.10	6.60
2013	1.07	6.62
2014	1.06	6.59
2015	1.07	6.56
2016	1.09	6.80
2017	1.08	4.34

数据来源：国家统计局。

九　M2 增速明显减缓，社会融资需求逐渐回归

自 2015 年 10 月以来，M2 和 M1 的差距不断扩大。
截至 2016 年 6 月末，广义货币（M2）余额 163.13 万
亿元，同比增长 9.4%，增速分别比上月末和上年同期
低 0.2 个和 2.4 个百分点；M2 增速持续下滑，开始进
入中低速增长"新常态"。

M2 增速的下降主要是由于银行同业业务及其他融
资渠道监管的收紧，特别是商业银行的委外业务。M2
增速已经进入"新常态"，预计 2017 年下半年增速将

控制在 9.0%—10.0% 这一区间。此外，注意到上半年 M1 余额为 51 万亿元人民币，按年增速为 15.0%，环比和同比分别下降 2.0 个百分点和 9.6 个百分点。

2017 年上半年金融机构人民币存款新增额减少。2017 年上半年年末，金融机构人民币存款余额达到 159.7 万亿元人民币，按年增长 9.2%。不过，新增人民币存款额为 9.1 万亿元人民币，按年少增 1.5 万亿元人民币。其中，住户存款、非金融企业存款、财政性存款及非银行业金融机构的存款分别新增 3.9 万亿元人民币、1.5 万亿元人民币、4164 亿元人民币及 1.0 万亿元人民币。新增存款的减少主要是受非金融企业和政府存款的拖累，以上两项上半年分别少增 2.1 万亿元人民币及 2.6 万亿元人民币。

各类融资渠道的监管不断收紧，限制了企业的存款增长，这将为一些中小型银行的资金来源带来压力，同时也将增强它们对于同业拆借的依赖。金融机构新增人民币贷款结构不断优化。截至 2017 年上半年年末，金融机构人民币贷款余额为 114.6 万亿元人民币，按年增长 12.9%。2017 年上半年，金融机构新增人民币贷款达到 8.0 万亿元人民币，按年多增 4362 亿元人民币，其中，对住户和非金融企业及机关团体的贷款新增 3.8 万亿元人民币及 4.4 万亿元人民币，占新增人民币贷款总额的 47.3% 和 55.6%。不过，非银行金融机构的新增贷款则按年少增 2487 亿元人民币。

在"金融去杠杆"和"资金脱虚向实"的大背景下，新增非金融企业及机关团体的中长期贷款上半年大幅增长，新增 4.2 万亿元人民币，按年多增 1.7 万亿元，占整体新增人民币贷款的 52.8%，占比按年增长 18.5 个百分点。除了企业自身融资需求的增长，特别是基建及相关行业企业，贷款的强劲增长势头部分也归功于商业银行自主调整贷款结构，以控制信用风险。尽管对于房地产市场的宏观调控不断趋严，新增住户中长期贷款 2017 年上半年增长势头依然迅猛，达到 2.8 万亿元人民币，按年多增 1927 亿元人民币，占新增贷款总额的比例也达到 35.4%，按年微升 0.5 个百分点。

投放于实体经济的社会融资增量按年增长 14.5%。2017 年上半年，投放于实体经济的社会融资额按年增长 11.2 万亿元人民币，增速达到 14.5%。在融资结构不断优化及监管严控表外融资扩张的背景下，社会融资需求逐渐回归到表内信贷上。今年上半年，对实体经济发放的人民币贷款总额达到 8.2 万亿元人民币，按年增长 9.7%，占同期社会融资增量的 73.1%。特别是在 2017 年 5 月，新增人民币贷款达到 1.2 万亿元人民币，占当月社会融资增量的 110.9%。不过，这一增长势头或未能持续，因为人民币贷款增量的额度有限。

十　GDP 先行指数运行趋势

从经济先行指数角度来看，通过经济先行指数来判断经济运行趋势，是国际学术界进行经济预测的方法之一，先行指数（Composite Index of Leading Economic Indicators）又称超前指标也称预兆性指标，是指预示未来月份经济状况和可能出现的商业周期性变化，并为分析者提供利率趋势变化早期迹象的市场指标。一般来说，先行指数由若干个货币供应量、股价指数、房屋新开工率、投资审批项目数量、机器设备订单数量、国际贸易需求等反映经济先行兆势基础变量构成，从实践来看，通过先行指标对宏观经济的实际高峰和低谷进行计算和预测，得出结论的时间可比实际发生的时间提前半年。

中国社会科学院数量经济与技术经济研究所通过多年的不断实践，根据相关理论，以季度 GDP 名义增长率为标的，分别构造了经济先行一期指数（由 18 个基础指数构成）、经济先行二期指数（由 15 个基础指数构成）、经济先行三期指数（由 9 个基础指数构成）、经济先行四期指数（由 7 个基础指数构成）。根据中国社会科学院数量经济与技术经济研究所的中国经济先行指数（如图 14—17 所示），2017 年下半年至 2018 年上半年，中国的经济名义增速呈现小幅下滑的发展趋势，考虑到 2017 年下半年和 2018 年，中国物价水平（通货膨胀率总体趋于上升的发展趋势），因此，扣除物价因素，2017 年下半年至 2018 年，中国经济实际增速将呈现微幅平稳下滑的发展趋势。

图 14　2001Q1—2017Q2 领先一期 GDP 先行指数趋势变化

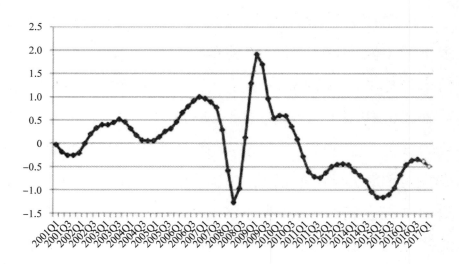

图 15　2001Q1—2017Q2 领先二期 GDP 先行指数趋势变化

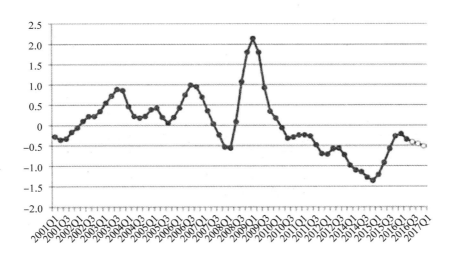

图 16　2001Q1—2017Q2 领先三期 GDP 先行指数趋势变化

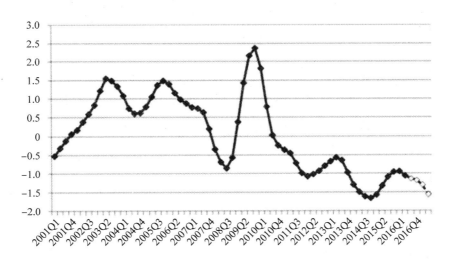

图 17　2001Q1—2017Q2 领先四期 GDP 先行指数趋势变化

第二章　2017—2018年中国经济季度预测及分析

第一节　2017—2018年中国经济主要指标季度预测

2017—2018年是中国推进结构性改革的攻坚之年，也是中国经济转型、结构调整、增长动力转换等关键阶段。在国际经济复苏曲折、外部需求依旧低迷；国内产能过剩严重、中小企业运行疲弱；部分地区经济对房地产和基建投资的依赖较大，内生增长动力尚待增强；结构性产能过剩问题较为严重，债务水平较快上升，经济金融领域的风险暴露增多；在人口、资源、环境约束凸显，生态保护和环境治理压力较大的复杂经济社会发展背景下，2017—2018年，国内宏观调控坚持稳中求进、强化改革创新、加强风险防范，坚定进行"三去一降一补"结构性改革。总体而言，中国经济运行中一些深层次的矛盾和问题将逐步得以解决，经济新的增长动力正在不断积聚，经济结构和需求结构不断改善和优化。

经济增速稳中略升。全球经济整体处于稳步复苏，尤其是美欧日等发达国家经济复苏好于预期，外部需求明显改善；在经济新常态下，中国经济结构调整加快，经济增长新动力不断积聚，财政收入好于预期，财政政策更加积极，工业生产较快，库存水平提高，工业企业主动回补库存的需求发挥作用，棚户区货币化安置和返乡置业需求促进了三四线城市的商品房销售好转，进而带动消费需求。在上述积极因素共同作用下，使得今年上半年中国经济增速高于社会预期。预计2017年中国经济增长6.8%左右，增速比上年增加0.1个百分点，实现年初预期6.5%—7.0%的经济增长目标，继续保持在中高速适当的经济增长区间。

产业结构继续优化，三产贡献突出。2017年，第三产业增速将继续快于第一产业和第二产业。预计三次产业增加值将分别增长3.4%、6.2%和7.8%，其中第一和第二产业增速均比上年回升0.1个百分点，第三产业增速与上年持平；第三产业增加值占国内生产总值的比重为54.7%，比上年大幅提高3.1个百分点；三次产业分别拉动GDP增长0.3、2.5和4.0个百分点；三次产业对GDP增长的贡献率分别为4.3%、

37.4% 和 58.3%，其中第一产业和第二产业贡献率分别比上年增加 0.5 和 0.8 个百分点，第三产业贡献率略微小幅回落，但依然占据主导地位。

固定资产投资增速下滑，投资结构分化。2017年，随着中央和地方政府财政收入状况的改善，财政政策更加积极；同时，国家出台了一系列宏观调控措施，使得短板领域投资加快，城市轨道交通、地下综合管廊建设等基础设施支撑能力持续提升，生态保护和环境治理、水利投资水平不断加强，使得 2017 年的基建投资增速继续保持高速增长；高技术产业投资快速增长，2017 年上半年，高技术制造业和高技术服务业投资同比分别增长 21.5% 和 22.3%，高于全部投资增速 12.9 和 13.7 个百分点，这也说明中国制造业确实在不断升级转型，这也为中国经济未来持续增长奠定了坚实的发展基础。然而，值得注意的是，虽然 2017 年民间固定资产投资增速有所回升，略好于上年，但依然处于历史低位。预测 2017 年全社会固定资产投资将达到 65.2 万亿元，名义增长 7.0%，实际增长 2.6%，虽然增速分别比上年小幅回落 1.1 和 6.2 个百分点，但总体仍然保持了适中较快增长态势。从结构上看，在固定资产投资中，制造业投资增长 3.8%，基础设施投资增长 14.9%，房地产开发投资增长 7.3%，2017 年基础设施投资成为稳增长的主要动力之一，多拉动 GDP 增长 0.7 个百分点，值得注意的是，从 2016 年 1 月开始，民间投资增速大幅度下滑，显著低于政府主导的公共投资增速，而且这两个缺口呈现出进一步扩大之趋势，虽然 2017 年民间投资增速将达到 5.6%，高于上年 3.2% 的增速，但依然处于近十年的较低增长水平，说明 2017 年国家出台的相关促进民间投资的政策虽然有效遏制住民间投资萎靡不振的发展态势，但效果并不理想。

消费平稳增长，需求结构改善。2017 年以来，绿色消费成为市场热点，服务消费继续快速发展，实体零售呈现回暖态势，消费升级驱动的品质消费正在渗透到各个消费领域；同时，随着网络支付技术的完善和相关风险制度的完善，以"互联网 +"为核心特征的消费新业态显著改变了传统的消费行为和消费模式，为消费者提供了更加便利化、更加多元化、更多质优价廉的互联网消费产品，极大地激发了居民和社会的消费需求和消费热情，成为中国经济增长的新动力；预计 2017 年社会消费品零售总额将达到 36.6 万亿元，名义增长 10.3%，增速比上年回升 1 个百分点；扣除价格因素，实际增长 9.0%，增速比上年增加 1.2 个百分点，总体继续保持平稳增长态势。从内需结构上看，2017 年最终消费支出对国内生产总值增长的贡献率为 65.3%，比上年提高 0.7 个百分点，达到 2001 年以来最高水平。

进出口增速下滑明显，贸易顺差基本稳定。2017年，随着全球经济温和复苏，国际市场需求明显改善，从而带动中国出口数量增速显著回升；同时，国内经济稳中向好，带动进口持续增加，进口数量也快速增加；另外，国际大宗商品价格的快速上涨助推中国进出口价值增长，加上去年中国进出口基数较低，从而使得2017年上半年中国进出口形势不仅延续了去年下半年以来的回稳向好态势，也创下了2011年下半年以来的半年度同比最高增速。虽然国际贸易保护主义依然严峻和"逆全球化"现象不断增多，但随着中国对传统市场进出口全面回升，以及贸易方式结构不断优化，"一带一路"倡议积极推进，未来中国外贸依然存在较好发展空间。预计2017年中国出口和进口（以美元计价）分别增长6.7%和14.1%，增速分别比上年大幅回升14.3和19.6个百分点，全年货物贸易顺差为4249亿美元，比上年减少861亿美元。

供给侧改革效果显现，物价基本稳定。2017年，随着中国"去产能"政策逐步推进和落实，严重失衡的工业品供需关系有所改善，加之劳动力成本不断上升，以及钢铁煤炭等产品价格快速回升等因素综合作用下，PPI价格指数快速回升，从而使得中国面临的通货紧缩风险大大降低。另一方面，2017年居民消费价格指数翘尾因素较低，M2 增速大幅回落，房地产价格持续保持高位，美国"缩表加息"政策对中国利率造成间接压力。综合以上因素，预测 2017 年居民消费价格上涨 0.6%，涨幅比上年回落 0.4 个百分点，总体依然处于温和上涨状态；工业品出厂价格上涨 6.2%，涨幅比上年大幅增加 7.5 个百分点；GDP 缩减指数由 2016 年的 1.2% 继续回升到 3.8%。

居民收入稳定增长，城乡差距进一步缩小。2017 年，随着中国劳动力市场结构不断变化，居民收入持续稳定增长，城乡居民收入分配结构继续改善。预计 2017 年农村居民人均纯收入实际增长和城镇居民人均可支配收入实际增长分别为 7.0% 和 6.3%，农村居民人均纯收入实际增速持续八年高于城镇居民人均可支配收入，城乡居民收入差距进一步缩小。

展望明年，根据中国宏观经济季度模型预测，2018 年中国 GDP 增长率为 6.7%，比上年略微减少 0.1 个百分点。从定性分析上看，这种预测结果与供给侧和需求侧两方面的现实情况相一致。

从供给侧角度来看，决定经济增长的主要因素包括劳动力、资本和全要素生产率。由于中国劳动力供给自 2012 年进入拐点以来逐年持续下滑，近年来全要素生产率增长率维持低位运行；而资本存量增速也随着固定资产投资增速的减弱而下滑，由于以上诸多因素短期内很难显著改变，这意味着 2018 年中国 GDP 潜在增长率依然在适当区间内小幅下滑。

从需求侧角度来看，虽然美欧日代表的经济发达国家经济持续向好，外需不断增加，但由于美国的"缩表加息"配合其"降税减负"的产业政策可能会进一步促使资本和制造业不断回流，从而使得新兴经济体外部融资条件收紧、投资使用成本上升、消费机会成本上升，甚至可能引发局部地区资产泡沫破裂，进而造成银行坏账增加、居民财富缩水等潜在金融风险；而且随着美国制造业的不断复苏和扩张，其外部需求将不断减弱，并形成新的国际市场供给和加剧国际市场竞争。另外，由于上年较高的基数因素，也使得 2018 年中国外需增速有所回落。

从内需来看，虽然以"互联网＋"为核心特征的消费新业态发展形势欣欣向荣，高新技术制造业和高技术服务业投资高速发展，产业升级加快，但总体而言，由于规模和时滞等因素，新的发展动能短期内难以完全抵消结构调整的负面影响，未能发挥决定性作用，新旧动能转换不能一蹴而就；由于三四线城市缺少产业的有力支撑，并且随着信贷政策收紧，房地产调控措施趋紧的环境下，房地产销售和投资将会逐步回落，而政府债务、赤字水平将限制基础设施投资充分发挥作用，从而使得 2018 年投资拉动作用或将减弱；另外，由于国民收入分配问题依然没有有效解决，政府、企业、居民收入分配依然存在较大失衡，基尼系数依然居高不下，从而限制居民消费的大幅提升。

明年经济增长存在许多积极因素：中国新一轮对外开放（上海自贸区、外商投资新模式、结构性改革），以及"一带一路"的积极推进将稳定和激发我国的外部需求；中国就业规模持续扩大，调查失业率保持在 2013 年以来的最低位，从而这对社会稳定、居民收入增长都起到关键作用；社会和平稳定，居民收入稳步增长，消费者预期稳定，消费新业态高速发展，消费质量不断提升；虽然 2018 年翘尾因素将成为推动 CPI 上升的重要力量，而上游成本压力不断加大，但是目前供给充足，成本传导较为缓慢，而国际原油供需将趋于平衡，原油价格基本稳定，对国内的输入作用有限，从而使得中国物价水平总体依然保持平稳。

另外，从经济先行指数角度来看，通过经济先行指数来判断经济运行趋势，是国际学术界进行经济预测的方法之一，根据中国社会科学院数量经济与技术经济研究所的中国经济先行指数（该指数由 21 个子指标构成），2017 年下半年至 2018 年上半年，中国的经济增速呈现微幅平稳下滑的发展趋势。具体指标预测如下。

2018 年全社会固定资产投资将达到 69.2 万亿元，

名义增长 6.3%，实际增长 2.4%，增速分别比 2017 年小幅回落 0.7 和 0.2 个百分点，其中，房地产固定资产投资、基础设施固定资产投资、制造业固定资产投资和民间固定资产投资名义增速分别为 5.1%、14.2%、3.6% 和 4.0%，整体而言，固定资产投资增速仍在小幅下滑。

2018 年社会消费品零售总额将达到 40.3 万亿元，名义增长 10.1%，实际增长 8.7%，增速分别比上年小幅回落 0.2 和 0.3 个百分点，下降幅度逐渐收窄。

2018 年居民消费价格指数（CPI）为 2.0，比 2017 年增加 0.4 个百分点，依然处于温和上涨阶段。PPI 为 3.6，增幅比 2017 年大幅减少 2.6 个百分点，这意味着 2018 年工业品价格的上涨压力将有所减缓。

预计 2018 年农村居民人均纯收入实际增长和城镇居民人均可支配收入实际增长分别为 6.8% 和 5.8%，农村居民人均纯收入实际增速持续八年高于城镇居民人均可支配收入实际增速；财政收入 18.2 万亿元，增长 5.7%，财政支出 22.5 万亿元，增长 8.8%。

总之，2017—2018 年中国经济增长将在新常态下运行在合理区间。随着改革的继续深化和改革红利的进一步释放，产业结构及投资消费结构将继续优化。表 5 列出了 2017—2018 年国民经济主要指标的季度预测结果。

表 5　　　　2017—2018 年中国宏观经济主要指标（季度）预测

年份	GDP 增长率（%）	第一产业增加值增长率（%）	第二产业增加值增长率（%）	工业增加值增长率（%）	第三产业增加值增长率（%）	全社会固定资产投资（亿元）
2005	11.3	5.2	12.1	16.4	12.2	88774
2006	12.7	5.0	13.4	16.4	14.1	109998
2007	14.2	3.7	15.1	18.5	16.0	137324
2008	9.6	5.4	9.9	12.9	10.4	172828
2009	9.2	4.2	9.9	11.0	9.6	224599
2010	10.4	4.3	12.3	15.7	9.8	278122
2011	9.3	4.3	10.3	13.9	9.4	311485
2012	7.7	4.3	8.1	10.0	8.1	374676
2013	7.7	4.0	7.8	9.7	8.3	447074
2014	7.3	4.1	7.3	7.0	7.8	512763
2015	6.9	3.9	6.0	5.9	8.3	563014
2016	6.7	3.3	6.1	6.0	7.8	608618
2017 年一季度	6.9	3.0	6.4	6.5	7.7	95632
2017 年二季度	6.9	3.8	6.4	6.6	7.6	190606
2017 年三季度	6.7	3.7	6.1	6.2	7.8	181633
2017 年四季度	6.7	3.0	6.0	6.1	8.0	183634
2017 年全年	6.8	3.4	6.2	6.4	7.8	651505
2018 年一季度	6.7	3.1	6.2	6.5	7.8	104487
2018 年二季度	6.7	3.2	6.3	6.4	7.7	207043
2018 年三季度	6.6	3.2	6.2	6.2	7.6	196933
2018 年四季度	6.6	3.0	6.1	6.2	7.8	199969
2018 年全年	6.7	3.1	6.2	6.3	7.7	708432

　　注：2005—2017 年二季度为统计局统计数据；2017 年三季度至 2018 年四季度数据为预测值，下同；货物和服务净出口数据来自国家外汇管理局每月公开数据。

接上表

年份	投资名义增长率（%）	投资实际增长率（%）	房地产固定资产投资（亿元）	房地产固定资产投资名义增长率（%）	基础设施固定资产投资（亿元）	基础设施固定资产投资名义增长率（%）	制造业固定资产投资（亿元）	制造业固定资产投资名义增长率（%）
2005	26.0	24.0	15909	20.9	22245	30.1	20407	39.3
2006	23.9	22.1	19423	22.1	26992	21.3	26336	29.1
2007	24.8	20.1	25289	30.2	31362	16.2	35477	34.7
2008	25.9	15.5	31203	23.4	38469	22.7	46368	30.7
2009	30.0	33.2	36242	16.1	54696	42.2	58706	26.6
2010	23.8	19.5	48259	33.2	64808	18.5	74485	26.9
2011	23.9	5.1	61797	28.1	66946	3.3	102566	37.7
2012	20.3	19.0	71804	16.2	77172	15.3	124404	21.3
2013	19.3	18.9	86013	19.8	93621	21.3	147370	18.5
2014	15.3	14.7	95036	10.5	112174	19.8	166918	13.3
2015	9.8	11.8	95979	1.0	131265	17.0	180365	8.1
2016	8.1	6.3	102581	6.9	152012	15.8	187836	4.1
2017 年一季度	9.2	4.5	19290	9.1	23757	18.7	29325	5.8
2017 年二季度	8.3	3.4	31318	8.2	50752	16.0	57484	5.4
2017 年三季度	5.6	1.3	29785	6.5	49313	13.1	54207	2.3
2017 年四季度	6.1	2.2	29634	5.9	50797	13.8	53953	2.6
2017 年全年	7.0	2.6	110027	7.3	174619	14.9	194970	3.8
2018 年一季度	9.3	5.3	20378	5.6	27883	17.4	30574	4.3
2018 年二季度	8.6	4.7	32965	5.3	58474	15.2	59448	3.4
2018 年三季度	8.4	4.7	31245	4.9	56180	13.9	55845	3.0
2018 年四季度	8.9	4.8	31046	4.8	56791	11.8	56185	4.1
2018 年全年	8.7	4.8	115633	5.1	199329	14.2	202053	3.6

接上表

年份	民间固定资产投资（亿元）	民间固定资产投资名义增长率（%）	工业出厂品价格指数	居民消费价格指数	核心CPI指数	固定资产投资价格指数	GDP平减指数	城镇居民人均可支配收入增长率
2005	26723	48.8	4.9	1.8	NA	1.6	3.9	9.6
2006	38370	43.6	3.0	1.5	NA	1.5	3.8	10.4
2007	52904	37.9	3.1	4.8	NA	3.9	7.6	12.2
2008	69942	32.2	6.9	5.9	NA	8.9	7.8	8.4
2009	93492	33.7	-5.4	-0.7	NA	-2.4	-0.6	9.8
2010	123452	32.0	5.5	3.3	NA	3.6	6.6	7.8
2011	175649	42.3	6.0	5.4	NA	6.6	7.8	8.4
2012	223982	27.5	-1.7	2.6	NA	1.1	1.9	9.7
2013	274794	22.7	-1.9	2.6	1.7	0.3	1.7	7.0
2014	321576	17.0	-1.9	2.0	1.6	0.5	1.4	6.8
2015	354007	10.1	-5.2	1.4	1.5	-1.8	-0.5	6.6
2016	365219	3.2	-1.3	2.0	1.6	-0.6	1.2	5.6
2017 年一季度	57313	7.7	7.4	1.4	2.0	4.5	4.6	6.3
2017 年二季度	112926	6.9	5.8	1.4	2.1	4.7	3.9	6.7
2017 年三季度	107778	4.5	6.1	1.6	2.1	4.3	3.6	6.2
2017 年四季度	107623	4.2	5.5	2.0	2.2	3.8	3.2	6.0
2017 年全年	385641	5.6	6.2	1.6	2.1	4.3	3.8	6.3
2018 年一季度	59893	4.5	4.0	2.4	2.5	3.8	3.3	5.8
2018 年二季度	117549	4.1	3.8	2.2	2.3	3.7	3.2	6.0
2018 年三季度	111984	3.9	3.5	1.8	2.0	3.6	3.2	5.9
2018 年四季度	111546	3.6	3.4	1.7	2.0	3.9	3.1	5.8
2018 年全年	400972	4.0	3.6	2.0	2.2	3.8	3.2	5.8

接上表

年份	农村居民人均纯收入增长率	社会消费品零售总额（亿元）	社会消费品零售名义增长率	社会消费品零售实际增长率	财政收入（亿元）	财政收入增长率（％）	财政支出（亿元）	财政支出增长率（％）
2005	8.5	68353	14.9	14.0	31486	19.7	33930	19.1
2006	8.6	79145	15.8	14.6	38299	21.6	40423	19.1
2007	9.5	93572	18.2	13.9	51322	34.0	49781	23.2
2008	8.0	114830	22.7	15.9	61330	19.5	62593	25.7
2009	8.6	132678	15.5	16.9	68518	11.7	76300	21.9
2010	10.9	156998	18.3	14.8	83102	21.3	89874	17.8
2011	11.4	183919	17.1	11.7	103874	25.0	109248	21.6
2012	10.7	210307	14.3	12.1	117254	12.9	125953	15.3
2013	9.3	242843	15.5	11.5	129210	10.1	140212	11.3
2014	9.2	271896	12.0	10.9	140370	8.6	151786	8.3
2015	7.5	300931	10.7	10.6	152217	8.4	175768	15.8
2016	6.4	332316	10.4	9.6	159552	4.8	187841	6.9
2017 年一季度	7.2	85826	10.0	8.2	44366	14.1	45917	21.0
2017 年二季度	7.6	86550	10.8	9.7	49940	7.1	57566	12.4
2017 年三季度	6.7	89951	10.3	9.2	39259	9.4	50113	7.1
2017 年四季度	6.3	104184	10.1	8.9	39030	2.3	53182	2.5
2017 年全年	7.0	366512	10.3	9.0	172595	8.2	206778	10.1
2018 年一季度	7.0	94409	10.0	8.7	47338	6.7	50659	10.3
2018 年二季度	6.9	95119	9.9	8.6	52493	5.1	62758	9.0
2018 年三季度	6.7	99036	10.1	8.8	41307	5.2	53822	7.4
2018 年四季度	6.6	114811	10.2	8.8	41227	5.6	57813	8.7
2018 年全年	6.8	403375	10.1	8.7	182366	5.7	225052	8.8

接上表

年份	财政赤字（亿元）	城乡居民储蓄存款余额（亿元）	城乡居民储蓄存款余额增长率（％）	货币和准货币M2（亿元）	M2增长率（％）	贷款余额（亿元）	贷款余额增长率（％）	社会融资规模（亿元）
2005	−2444	141051	18.0	295508	16.3	194690	9.3	30008
2006	−2124	161587	14.6	345604	17.0	225347	15.7	42697
2007	1540	172534	6.8	403442	16.7	261691	16.1	59664
2008	−1262	217885	26.3	475167	17.8	303395	15.9	69804
2009	−7782	260772	19.7	610225	28.4	399685	31.7	139105
2010	6772	303302	16.3	725852	18.9	473247	19.9	140191
2011	5374	343636	13.3	851591	17.3	547947	14.3	128286
2012	8699	399551	16.3	974149	14.4	629910	15.0	157605
2013	11002	447602	12.0	1106525	13.6	719000	14.1	172900
2014	−11312	485261	8.4	1228400	12.2	816800	13.6	165000
2015	−23551	546078	12.5	1392269	13.3	939513	15.0	154162
2016	−28288	597751	9.5	1550067	11.3	1066040	13.5	178023
2017 年一季度	−1551	625522	7.7	1599610	10.6	1108256	12.4	69429
2017 年二季度	−7626	637140	7.5	1631283	9.4	1145721	12.9	42204
2017 年三季度	−10854	635599	7.2	1648284	8.7	1181047	13.4	56720
2017 年四季度	−14152	639594	7.0	1689573	9.0	1208090	13.3	34192
2017 年全年	−34183	639594	7.0	1689573	9.0	1208090	13.3	202545
2018 年一季度	−3321	669934	7.1	1751572	9.5	1251455	12.9	71544
2018 年二季度	−10265	681103	6.9	1782992	9.3	1291509	12.7	45947
2018 年三季度	−12515	679455	6.9	1801904	9.3	1320026	11.8	44820
2018 年四季度	−16586	682446	6.7	1845013	9.2	1346647	11.5	33681
2018 年全年	−42686	682446	6.7	1845013	9.2	1346647	11.5	195993

接上表

年份	新增贷款（亿元）	进口总额（亿美元）	进口增长率（%）	出口总额（亿美元）	出口增长率（%）	货物贸易顺差（亿美元）
2005	16493	6600	17.6	7620	28.4	1020
2006	30657	7915	19.9	9690	27.2	1775
2007	36344	9561	20.8	12205	26.0	2643
2008	41704	11326	18.5	14307	17.2	2981
2009	96290	10059	−11.2	12016	−16	1957
2010	79511	13962	38.8	15778	31.3	1815
2011	74700	17435	24.9	18984	20.3	1549
2012	81963	18184	4.3	20487	7.9	2303
2013	89090	19504	7.3	22096	7.9	2592
2014	97800	19582	0.4	23443	6.1	3861
2015	122713	16842	−14	22787	−2.8	5945
2016	126500	15882	−5.5	20976	−7.7	5107
2017 年一季度	42216	4169	23.9	4810	7.8	641
2017 年二季度	37465	4450	14.4	5659	9.0	1209
2017 年三季度	35326	4645	12.2	5900	6.7	1255
2017 年四季度	27043	4859	8.3	6004	3.6	1145
2017 年全年	131173	18123	14.1	22373	6.7	4249
2018 年一季度	43365	4637	11.2	5193	8.0	556
2018 年二季度	40054	4839	8.7	5959	5.3	1120
2018 年三季度	28517	5078	9.3	6158	4.4	1080
2018 年四季度	26622	5124	5.5	6237	3.9	1113
2018 年全年	138557	19679	8.6	23548	5.3	3869

第二节　2017—2018 年中国宏观经济
运行的主要风险分析

2017—2018 年，在美国、欧盟、日本等发达国家经济逐渐好转、全球需求略有改善的国际外部大环境，以及国内企业经营环境趋紧、投资增速（尤其是民间投资）放缓的背景下，2017—2018 年中国宏观经济运行形势基本确立：中国经济增速将进一步放缓；同时在劳动力成本持续上升和全球整体流动性宽松作用下，通胀压力犹存。整体而言，2017—2018 年，中国宏观经济运行主要面临以下风险。

（一）资金外流风险

由于美国经济增长基础条件逐步改善，以及美联储将启动加息周期，美元强势已不可阻挡。对于中国而言，这可能会进一步引发国外资金撤离、国内资金流出，从而使得国内资产负债表通缩，增加企业融资负担，压缩企业盈利空间和经济增长潜力，并逼迫中国人民银行不断消耗外储以托稳汇率，从而导致货币供应萎缩，使得银行债务展期的空间受阻。

2014 年以来，美元回归强势格局的可能性上升，人民币贬值压力不断增加，中国资本流出也日趋严重，外汇储备余额由升转降。但自 2017 年以来，人民币兑美元汇率从 6.9 以上的水平不断升值到当前的不足 6.7，尤其近期的升值更为明显，截至 2017 年 7 月末，中国外汇储备规模达到 30807 亿美元，外汇储备规模连续六个月回升，外储余额短期止跌企稳，跨境资金流动和外汇市场供求基本平衡。但从国外来看，美国当前经济依然稳定，经济增速在 2017 年二季度回升至 2.6%，同时年内开始启动缩表；从国内来看，人口流动、城镇化发展对经济的支撑力度有限，这种短期的繁荣难以持续，从长期来看，全球需求还比较脆弱，中国经济增长存在众多不确定因素，仍然存在下行压力，人民币汇率还将面临贬值压力和波动，汇率的真正企稳需要依赖国内经济基本面的切实改善、资产泡沫的消化和货币政策的稳健中性。

人民币贬值、资本外逃会增加中国经济环境不确定性，削弱经济增长潜力，动摇投资者信心。一是人民币贬值和大规模资本流出，不仅使得资本不能被直接利用，阻碍经济持续发展；而且外汇占款的减少对 M2 产生紧缩效应，将加剧紧缩局面，削弱政策实施效果；二是人民币贬值将抬高中国对外投资成本，加重外债负担，削弱中国偿债能力；三是随着人民币贬值预期的强化，中国跨境资本将进一步外流，不仅将加剧银行间流动性紧张的局面，还将会冲击中国股票市场和房地产市场等资产价格，破坏正常的金融秩序和市场秩序，影响经济宏观层面的稳定。因此，当前为了确保金融安全，稳定汇率和保外储的重要性已经空前上升。

（二）社会债务风险

社会债务风险主要包括地方政府债务风险和企业债务风险。由于政府债务的主权信用主要依靠土地收入，以及经济良性发展情况下的各类税收来保证，但是在如今房地产市场逐渐萧条，全国各省土地市场频频流拍，以及由于经济下滑，企业发生亏损而导致财政税收增速快速下滑的情况下，地方政府的偿债能力开始受到质疑。根据审计署公布的数据，截至2016年年末，中国地方政府债务15.32万亿元，地方政府债务率为80.5%；加上纳入预算管理的中央政府债务12.01万亿元，两项合计，中国政府债务27.33万亿元。按照国家统计局公布的中国2016年GDP初步核算数74.41万亿元计算，中国政府债务负债率（债务余额/GDP）为36.7%。根据2011—2016年地方债务偿还实际情况，由于地方税收增幅缓慢，不少地方政府根本无力偿还到期债务，只得延期偿还，但这种利滚利的偿债方式使得这些地方债务越积越大，偿还债务遥遥无期，地方债务风险日益加剧。

企业债务风险形势同样严峻。根据最新数据，截至2016年年底，中国总债务244万亿元，再加上1.5

万亿美元的外债规模，中国合计的债务大概是255.5万亿元人民币，2016年我国GDP为74.4万亿元，这意味着我国的总负债率为343.4%，除去金融的实体总负债率刚刚超过250%，这一杠杆率明显偏高，杠杆率偏高则企业债务负担偏重，使得企业很大一部分现金流用于还本付息，而用于维持正常生产经营的资金减少，不利于企业释放活力与经济增长。全社会杠杆率偏高增加了经济运行中的风险，一旦企业资不抵债大规模爆发，将冲击到银行体系的稳定性，甚至诱发金融危机。近年来，国内部分地区民间借贷市场异常活跃。在少数热点地区，众多居民和企业参与其中，高利贷乃至非法集资活动抬头。由于高利贷的融资成本远远超出了企业正常盈利能力，这种过度负债容易使企业资金链断裂，产生企业集体倒闭的连锁效应。从浙江温州民间高利贷链条断裂后出现中小企业主"跑路"，到内蒙古鄂尔多斯、河南安阳、福建建阳等地出现高利贷恶性逃逸事件，民间借贷相关的纠纷案件增加。

另外，中国信贷与经济增速之比达纪录高位，以债务换得增长效果锐减。2017年二季度，中国国内生产总值（GDP）同比增长6.9%，与一季度增速持平，但是这种增速是债务以危险速度增长为代价的，过去22个月，中国债券总规模大幅增长至GDP的80%左右，对比中国历年数据可以发现，中国债务增长规模史无前例，发展中国家从未出现过这样高的负债与经济增长比率。尽管宽松货币政策及进一步的赤字支出避免了更为痛苦的经济放缓，但刺激政策的效果迅速下滑，据测算，同样债务所换取的经济增长仅为几年前的1/6。违约事件的频频爆发和不良贷款的迅速上升，使得中国债务风险日益严重。

（三）当前中国经济金融体系存在的潜在风险

总体看，中国金融形势是良好的，金融风险是可控的，但中国内外经济金融形势呈现出新特点，也暴露出新问题。在国际国内经济下行压力因素影响下，中国金融存在不少潜在风险因素，特别是杠杆风险和债务风险，不容忽视。当前中国经济金融体系主要包括如下风险。

1. 金融部门杠杆率持续增高

近几年，中国银行业资产快速扩张、杠杆率不断提升。银行业天生具有增加杠杆的动机，银行业的主要利润来自表内外资产端和负债端的息差收入，在目前息差收窄的情况下，银行业具有扩大资产和负债端规模内在冲动。在银行业资本金微幅增长条件下，总资产的快速膨胀主要来自负债规模的大幅扩张。据英国《金融时报》数据，2016年年底，中国银行业资产（不含影子银行）总规模已达33万亿美元，相比之下，欧洲是 31 万亿美元，美国是 16 万亿美元，日本只有 7 万亿美元。按照资产权益比（总资产和实收资本之比）的杠杆率衡量标准，中国银行业的这一比例从 2007 年时的 30 倍左右，一路飙升到了当前的接近 50 倍，而美国从 20 世纪 70 年代以来这一比例从未超过 20 倍，日本、韩国也基本维持在 30 倍以下。近几年银行主动负债行为在急剧增加，绕开监管的银行同业业务、表内外理财业务大幅扩张，成为银行主动负债的重要途径。

银行表内业务中，同业存单成主力。由于同业存单被当成应付债券来处理，并没有纳入到银行同业负债的考核监管中，近年来呈爆发式增长，成为银行主动加杠杆的主要方式。根据 Wind 统计，同业存单发行规模从 2013 年年底的 340 亿元发展到 2017 年上半年的 9.5 万亿元，目前已占债券市场存量规模的 53%，成为增长最快的债券品种。截至 2017 年 6 月，中国 551 家银行公布了 2017 年同业存单发行计划，合计规模达 148876 亿元人民币，较 2016 年发行量增加逾万亿元。

《中国金融稳定报告 2017》，近年来中国各类金融机构之间跨行业合作密切，中国步入"大资管时代"，截至 2016 年年末，各行业金融机构资产管理业务总规模约 60 万亿元，而广义的表外业务总额已经超存贷款余额。银行表外业务中，理财扩张迅猛。过去多年银行理财规模持续增长，截至 2016 年年末，全国共有 497 家银行业金融机构有存续的理财产品，产品数量达 7.42 万只，存续余额 29.05 亿元，较 2016 年年初增加 5.55 万亿元，增幅为 23.63%。2016 年下半年同业理财增速接近 2 万亿元，其中 80% 的理财产品期限在 9 个月以内，2017 年 4—6 月刚好是理财产品到期较集中的时期，加之银行在主动缩减同业规模，大量到期理财产品未续。

由此可见，不管是表内还是表外银行业资产规模仍在保持一定速度增长，当前金融机构"去杠杆"力度需要进一步加大。过高的杠杆率不但容易引发金融泡沫，导致金融利润率虚高，而且吞噬实体经济资本，最终使经济风险向金融系统转移。

2. 金融部门潜在脆弱性增强

在经济增速不断下行的背景下，受风险攀升、息差收窄、监管趋严等因素综合影响，银行业盈利能力下降，不良贷款率和不良贷款余额持续攀升，银行资产质量下行压力不容忽视。根据银监会发布数据显示，2016 年年末，中国商业银行不良贷款余额 15122 亿元，不良贷款率 1.74%，结束了不良贷款率连续 19 个季度上升的态势，表明不良资产增速有所减缓；2017 年第一季度和第二季度，中国商业银行不良贷款余额分别为 15795 亿元和 16358 亿元，较 2017 年年初分别增加 673 亿元和 1236 亿元，同比增加 1874 亿元和 1985 亿元，不良贷款率均为 1.74%，与 2016 年年末持平。

除此之外，2016 年是债券违约集中爆发的阶段性高点，全年违约债券 79 只，违约规模 403.24 亿元，大部分为新增违约主体，其中公募债券 29 只，涉及金额 222.00 亿元。2017 年上半年受益于供给侧改革，债市信用风险暴露趋缓，违约事件明显减少，违约债券数量 10 只，较去年同期减少 10 只；首次出现债券违约发行人 2 家，较去年同期减少 7 家，债券违约集中在风险已经暴露的发债主体。从近年的违约案例来看，中国公募债券违约仍局限在经济效益较差、产能过剩严重、产业升级较慢的部分工商企业领域，房地产行业、地方政府融资平台及金融机构均未涉及。目前这些领域的信用风险正在不断积聚，需要引起较大重视。虽然目前的不良贷款率不会导致银行系统金融风险，但商业银行承担了大量产能过剩行业、僵尸企业和部分地方政府债务，这些都将是不良贷款主要增长点，一旦引发债务问题，将引爆银行的坏账问题，可能成为引发新一轮金融危机的导火索。

3. "影子银行"风险值得关注

近年来，受利益驱动和市场需求，出现了各种围绕监管套利的金融创新，产生了大量规避监管的"影子银行"业务。近半个世纪的金融危机史表明，"影子银行"业务的过度扩张往往是发生危机的主要原因之一。

首先，中国"影子银行"中，占比最大的资管业务规模扩张较快。据中国央行公布的数据，截至 2016 年年末，表外理财的规模达到 26 万亿元人民币，非银金融机构的资管和投顾规模（扣除通道业务），估计接近 30 万亿元。2017 年一季度末之前资管业务规模一直呈现一路高歌猛进的态势，截至 2017 年 3 月底，整个资管规模达到 53.47 万亿元。2017 年 5 月，证监会首次提出全面禁止通道业务，资管"去通道"拉开帷幕，到 2017 年第二季度末，资管行业整体规模回落 0.67 万亿元，为 52.80 万亿元，环比下降 1.25%。其次，银行业同业业务也是"影子银行"的重要组成部分，近年来大幅攀升。2017 年上半年末同业存单余额已增至 9.5 万亿元，较 2016 年上半年的 60484 亿元增加 34605 亿元，增长 57.21%。2017 年 7 月同业存单整体保持平稳增长，净增长规模达 4274 亿元，总余额达 8.43 万亿元，继续创出新高。

快速扩张的"影子银行"业务不仅面临着流动性错配、投资杠杆和证券借贷业务风险等结构性问题，相关脆弱性可能通过金融市场波动等渠道传导，影响金融体系的稳定性；而且低估了货币总量，导致货币传导机制不畅，使得货币政策效果大打折扣。由于同业非标业务不需要缴纳准备金，又能不断在金融机构之间创造杠杆、创造货币，银行间、银行与非银金融机构间借贷、加杠杆创造的货币没有被统计进入 M2 中，M2 低估了货币总量。所以尽管近几年 M2 增速比较低，但金融机构内部创造的货币量却失去控制式地增长。数据显示，截至 2017 年 7 月末，中国 M2 余额162.90 万亿元，同比增长 9.2%，增速分别比上月末和上年同期低 0.2 个和 1 个百分点，而同期银行总负债高达 218.34 万亿元，远超 2017 年上半年国内生产总值，货币超发量远比广义货币 M2 所显示的要多得多。由此可见，银行资产规模的快速扩张已大大超过经济增速，表明货币政策对实体经济的刺激效应已经衰减到"不经济"的地步，也就是货币信贷拉动 GDP 的效果逐渐减弱，但付出的潜在系统性风险对价却越来越高。金融机构内部创造的货币量失控增长，导致金融市场风险积聚，货币政策向实体经济传导不通畅，大量流动性资金在金融系统内空转，导致社会资本"脱实向虚"、企业"弃实投虚"，实体经济发展基础被侵蚀，加剧了实体经济困境。

4. 类金融机构风险上升

以小额贷款公司、融资担保公司、融资租赁公司等为代表的类金融机构，其客户主要是许多中小微企业、涉农企业及个人消费金融，属于金融业的弱势群体、低端客户，天然存在着极大的金融风险。小贷和担保公司还处于发展的初级阶段，内部管理和风险防范能力弱，在经历了前期蓬勃发展的高涨期，在当前经济下行背景下，正经历着前所未有的行业寒冬。大量公司退出，行业规模持续缩水，小贷公司不良率、担保行业代偿率持续上升，导致区域金融风险加剧。

截至 2017 年 6 月末，国内共有小额贷款公司 8643 家，较 2016 年同期减少 167 家；贷款余额 9608 亿元，较 2016 年同期增加 244 亿元，较 2016 年年底增加 313 亿元，平均贷款余额 1.11 亿元，这是自 2015 年机构数量达到 8965 家的历史峰值后小贷公司贷款规模首次出现回升，且刷新了历史最高纪录。小贷行业的触底回升主要得益于广东和重庆小贷公司的贷款余额大幅上升，而广东和重庆是网络小贷的聚集重地，全国贷款余额的上升可能与网络小贷的兴起和迅速发展有极大关系。小贷公司除股东出资外很难获得银行授信等其他渠道资金，资本占用大，而资本回报低，同时管理粗放，在 2014 年之前经济形势较好时期，纷纷进行房地产企业融资和大额企业融资，风控不完善且缺少抵押担保，随着形势迅速扭转，往往几笔业务就能拖垮小贷公司。当前整体经济形势下滑，小贷公司融资压力逐渐增大，但市场放贷价格不断下降、银行等传统金融机构服务下沉以及互联网渠道的冲击，线下小贷公司的竞争愈加激烈，金融风险日益加大。一些小贷公司和担保公司在经营活动中存在超范围运营、变相非法揽储、高息放贷、担保形式单一及手续不完善等违规违法经营现象，不仅加大了自身风险，更扰乱了金融秩序，如果不加以有效监管，将引发区域金融风险。

5. 房地产泡沫不容忽视

近年来，中国房地产价格持续高涨，房价严重脱离国情、超出居民购买能力，较高的盈利能力与财富积累能力诱导大量实体经济资本涌向房地产。主要一线城市的房价涨幅均远超同期 GDP 名义增速。海通证券研究所根据 Wind 百城住房均价数据测算，中国的房产总市值在 2014 年超过了美国，但中国的经济总量毕竟只有美国的一半左右，这意味着本轮房价上涨没有经济的支撑，而是货币超发导致的泡沫现象。从占用的金融资源来看，据统计，房地产开发有约 65% 的资金直接或间接依赖银行体系，明显超过 40% 的国际通行标准。2016 年国有四大银行超过 60% 的新增贷款流向房地产领域，目前占有信贷资源前三位的分别是房地产、建筑业和钢铁产业，这些都和房地产繁荣泡沫有关。同时大量的银行表外融资也大多对接地产和基建，大量资金的涌入，进一步推升了房地产泡沫。

房地产价格高涨吸走大量金融资源，导致实体经济的"失血"和"空心化"，加剧了实体经济困境；同时随着房价上涨，土地、租金、物流、人工成本都会上升，直接抬高了实体经济生产成本，不仅侵蚀实体经济发展基础，挤压了实体经济发展空间，而且还将在购买力平价之下给汇率带来压力。一旦未来房地产资产大幅缩水，可能导致房地产企业债务风险暴露、金融部门坏账率大幅走高，而且土地价格下降也将对地方政府产生财政压力，减弱地方政府的还款能力。因此，房地产和金融业务相互渗透风险交叉，房地产泡沫膨胀，一旦地产出问题，银行业和经济体的系统性风险就在所难免。

6. 互联网金融风险凸显

近年来，互联网金融在对传统金融革命性冲击和颠覆中呈现爆发式增长，而相应的监管大大滞后于其发展的步伐，但同时也积累了一些问题和风险隐患。伴随着交易量膨胀和行业规模扩大，各种问题平台也一路走高。根据网贷之家数据显示，截至 2017 年 7 月底，P2P 网贷行业累计平台数量达到 5916 家（含停业及问题平台），正常运营平台数量下降至 2090 家，相比 2016 年年底和 6 月底分别减少 376 家和 28 家，累计停业及问题平台 3826 家，2017 年前 7 个月新增停业及问题平台 415 家。近期一些非法集资平台跑路引发的全国性风险事件频发，涉众广，涉案金额巨大，不仅严重破坏了金融秩序、扰乱了金融市场，加剧了金融脱实向虚，还造成了严重的社会后果。

第三章　基于 CGE 模型的财政
政策模拟分析

第一节　政策模拟背景

财政是国家进行收入再分配的主要手段，财政再分配（Fiscal redistribution）对于促进社会公平正义具有重要意义。中共十八届三中全会明确提出要"加快健全以税收、社会保障、转移支付为主要手段的再分配调节机制"[①]。税收、社会保障和转移支付是财政再分配调节的主要工具，共同发挥调节功能。[②] 综合研究

---

① 《中共中央关于全面深化改革若干重大问题的决定》，人民出版社 2013 年版。

② 从国外文献来看，"财政再分配"（Fiscal redistribution），"税收和转移支付再分配"（Redistribution of taxes and transfers）或"税收和社会保障再分配"（Redistribution through taxes and social security benefits）在研究对象上相近，均研究税收和养老金、失业保险、社会救济等政府对居民的支出项目，如 Edwin et al.（2008）、Nora（2015）、Stefan et al.（2015）、Wang et al.（2011）、Caminada et al.（2012）、（转下页）

各项财政工具的收入再分配效应，对健全中国财政再分配调节机制具有重要意义。

近年来，中国学者对财政再分配研究取得了不少成果。如岳希明等（2014）对中国税制的收入分配效应的测度显示，中国税制整体上不仅没有降低 Gini 系数，反而使其提高，农村和城镇分别提高了 3.4% 和 1.6%。米增渝等（2012）研究显示，中国税收多征于穷人，富人得到了更多的补贴，财政加剧了居民收入不平等。王延中等（2016）在问卷调查的基础上对中国社会保障再分配效应研究显示，中国社会保障制度总体上缩小了收入差距，但仍存在一些扩大收入差距的制度安排。李吉雄（2010）研究表明，中国财政

（接上页）Gale et al.（2007）、Bach et al（2015）等。从中国来看，转移支付通常指财政资金单方面的无偿转移，包括政府对居民的转移支付、对企业的转移支付和政府间转移支付，其中政府对居民的转移支付通常包括社会保险福利津贴、抚恤金、养老金、失业补助、救济金以及各种补助费等，如国家统计局在《中国城市居民生活与价格年鉴》中在统计上将居民的养老金、失业保险金、提取住房公积金、赡养收入、社会救济收入均列为居民的转移性收入。社会保障通常是指各种社会保险、社会救助、社会福利、军人保障、医疗保健、福利服务以及各种政府或企业补助、社会互助保障等社会措施的总称。由此可见，从广义上讲，政府对居民的转移支付和对居民的社会保障支出在内容上差别不大，然而，二者又存在不同，转移支付具有无偿性支付的特点，而社会保障的收入与其缴费相关，具有明显的有偿性。因此，从狭义上讲，中国居民缴纳的各项社会保险费及取得的相应的社保收入均归为社会保障项目，而政府单方转移给居民的支出，如社会救济性收入、捐赠收入则属于转移支付项目，本文采用这一狭义的界定。

再分配没有起到抑制城乡居民收入差距的作用，财政再分配缩小了城镇内部居民收入差距，但对农村居民收入分配呈"逆调节"效应。这些成果为研究中国财政再分配效应奠定了重要的基础。

以上研究均是以某一财政工具（如税收、社会保障、转移支付）为主要研究对象，而在实际中，这些财政工具作为一个组合共同发挥着再分配调节作用，从这个角度出发，对中国财政再分配的研究尚有很多问题有待进一步解答。如各项财政工具对收入分配作用后的综合结果如何？不同财政工具在其中发挥作用的方向和大小如何？中国各项财政工具组合中存在哪些问题？在"十三五"由中等收入国家向高等收入国家迈进的过程中，又该如何完善中国财政再分配调节机制？对这些问题的回答，有利于从整体上综合掌握中国财政再分配的效应，有利于进一步深入研究中央的战略要求。本文拟在理论、实证和国际比较的基础上，研究和解答这些问题。

目前，已有不少国家对财政再分配效应进行了测算。例如，Higgins（2013）研究显示，美国财政再分配使 Gini 系数由 0.448 降为 0.331，降幅约 26%，其中，社保和转移支付的贡献为 67%，个人所得税和工薪税的贡献为 35%，间接税的贡献为 - 2%；Wang et al.（2012）对 OECD 中的 28 个成员国的研究显示，政府税收和转移支付使 Gini 系数平均由 0.462 下降至 0.295，降幅达 36%，其中转移支付的贡献为 79%，直接税的贡献为 21%，没有考查间接税；Lustig（2013）对巴西、墨西哥和秘鲁等 6 个中等收入国家的测算显示，财政再分配使 Gini 系数平均由 0.517 降为 0.494，降幅为 4.4%，其中转移支付贡献为 43%，直接税贡献为 61%，间接税贡献为 -4%。这些研究加深了对财政再分配效应的认识，并为改进各项再分配政策提供了充分的理论和实证依据。关于中国财政再分配效应的综合测算，在国内外文献中尚为空白。

对财政再分配效应的综合测算，普遍建立在三个相关理论和研究方法——财政"预算归宿分析"（Budget incidence analysis）、居民"收入核算框架"（Income accounting framework）和 MT 指数测算及分解方法——基础之上。

然而，目前使用的"收入核算框架"主要包括直接税、社会保障和转移支付项目，未能有效地将间接税纳入分析框架。将间接税纳入分析框架是众多学者的共识，如 Musgrave et al.（1974）认为，在测算财政再分配时应该考虑间接税的影响，间接税像楔子一样导致居民的货币收入降低或商品价格上升，二者均导致居民的真实收入下降，假定去掉间接税，则居民的真实收入增加，该收入为间接税前的收入。然而，一些困难使得这一想法在实现时困难重重，这也是很多研究中将间接税从分析中去掉的原因。如 Smolensky et al.（1987）指出，传统的测算预算归宿的核算框架（Classical accounnting framework for measuring budget incidence）不能将生产者和消费者的行为纳入模型中，不能计算没有间接税时居民的真实收入及其分配效应。Reynolds & Smolensky（1977）认为，传统的归宿研究将家庭消费商品时所缴纳的间接税从收入中扣除并得到财政后收入，这一做法混淆了直接税和间接税的差异，因此会导致结果的偏差（通常会导致结果偏大）。由于间接税通过价格影响收入分配，当无法具体计算价格变化对不同收入组居民的收入影响时，在预算归宿分析中去掉间接税则完全必要。

但是间接税是众多国家重要的税收来源，在很多国家全部税收收入中所占比重甚至超过直接税。2014年中国间接税比重更是高达 93.8%。[①] 将间接税排除

---

① 根据财政部网站"统计数据"中"2014 年财政收支情况"数据计算得出，从广义上来说，除个人所得税外，其余的税收几乎全部为企业缴纳，这些由企业缴纳的税收最终通过转嫁由居民负担，这些税收如果均视为间接税，则，2014 年个人所得税占比为 6.2%，其余税收占比为 93.8%。本文的这一统计口径与国外学者研究财政再分配效应时采用的口径一致，在他们的研究中，将个人所得税和工薪税（中国的社会保障费与此税类似）归为直接税，而其余税收均归为间接税，如 Higgins（2013）、Wang et al.（2012）等。本文以下研究中按这一口径来划分直接税和间接税，并分别按不同方法测算其归宿和再分配效应。

在分析框架之外，将直接影响对一国财政再分配效应评价的完整性和准确性，甚至得出错误的结论。因此，测算中国财政再分配效应，需要解决的一个重要问题便是，设法将间接税纳入财政再分配的分析框架中。

本文的做法是，在理论上，根据间接税的归宿原理，将其分解为居民收入来源端间接税和使用端间接税两部分，并将其按顺序纳入居民的核算框架中。本文进一步通过如下方法，使扩展后的核算框架在实证研究中得以实现：（1）通过构建细分的一般均衡的数据集——社会核算矩阵（Social Accounting Matrix，以下简称 SAM），将政府对城乡不同阶层居民的各项税收、社会保障和转移支付项目数据均纳入统一均衡的数据集中；（2）以 SAM 为基础，构建可计算的一般均衡（CGE）模型，将生产者、消费者和政府行为纳入模型；（3）根据各项税收、社会保障和转移支付的经济归宿原理，运用 CGE 模型按顺序分别测算其对不同收入阶层居民收入的影响；（4）在居民各项收入数据基础上，运用"顺序核算分解法"（Sequential accounting decomposition approach），通过按顺序计算 Gini 系数和 MT 指数，得出不同财政工具的再分配效应和整体再分配效应。

本文测算显示，中国财政再分配使 Gini 系数由财政作用前的 0.4129 上升为财政作用后的 0.4316，上升幅度为4.5%；其中，来源端间接税贡献为 -37%，社保支出贡献为 -28%，转移支付贡献为69%，社保缴费贡献为9%，个人所得税的贡献为15%，使用端间接税贡献为 -126%。这表明中国的财政再分配从整体上不仅没有缩小分配差距，反而加大了分配差距。与中等收入国家和高收入国家相比，财政再分配总效应为负的结果在其他国家非常少见。其原因主要在于中国转移支付、社会保障、个人所得税和工薪税对收入分配的正向调节力度过小，不仅小于发达国家，而且小于发展中国家；同时，中国间接税对收入分配的负向调节力度过大，不仅大于发达国家，还大于中等收入国家。本文还进一步具体测算了各项不同财政工具对农村和城镇居民再分配的调节效应，结果显示，财政再分配导致农村 Gini 系数上升 0.1158，城镇 Gini 系数上升 0.0301，财政再分配扩大了城乡收入分配差距；城乡对比显示，转移支付对农村和城镇居民收入分配的影响分别为 0.0073 和 0.0002；支出端间接税对农村和城镇居民收入分配的影响分别为 -0.1237 和 -0.0354。

　　本文的边际贡献体现在两个方面：一是从理论上对传统的财政再分配分析方法进行拓展，将间接税根据其归宿原理，划分为居民收入来源端间接税和使用端间接税，并按财政工具作用顺序纳入居民收入核算框架，拓展后的分析框架可以分析包括间接税、直接税、社会保障和转移支付在内的各项财政工具的再分配效应。二是从实证上对中国财政再分配效应进行测算，得出各项财政工具的再分配效应及其综合效应，并进一步与其他中等收入国家和高收入国家财政再分配效应进行比较，发现中国财政再分配存在的问题与改革方向。

本文其余部分安排如下：第二部分为财政再分配效应测算的原理，并给出扩展后的中国居民收入核算框架，以及相应的财政再分配测算公式；第三部分给出包含各项财政工具的多部门多居民 CGE 模型，并对 SAM 表编制、数据来源加以说明；第四部分给出测算结果，并对结果加以分析；第五部分将中国的财政再分配效应与其他中等收入国家和高收入国家进行比较，从中进一步发现中国财政再分配存在的问题；第六部分为本文的结论和政策建议。

第二节　财政再分配效应测算的原理

文献研究表明，财政再分配效应的测算原理由三部分组成，一是财政预算归宿分析，二是居民收入核算框架，三是 MT 指数测算及分解。三者分别解决测算中的不同问题，并共同实现对财政再分配效应的测算。

　　财政预算归宿分析，有两层含义，一是强调要把财政收支作为一个整体，综合考察其对收入分配的影响（Dalton，1955）；二是在考察财政收支影响时，应考察其经济归宿。其中直接税（如个人所得税）和政府转移支付归宿直观，由个人负担（受益），间接税（如商品税、企业所得税、流转环节的财产税等）税收归宿复杂，居民负担的数量无法直接获知（Musgrave et al.，1974）。[①] 根据税收归宿原理，企业缴纳间接税后，一方面可以通过提高商品价格将税负向前转嫁给消费者，形成居民收入使用端的税收负担；另一方面还可以通过压低劳动或（和）资本要素的价格，将税负向后转嫁给要素所有者，形成居民收入来源端的税收负担。分析和测算间接税归宿由居民收入的来源端税收和使用端税收两部分组成（Musgrave，1959）。然而，在实证研究中，有两种不同的处理方法，一种是以 Pechman & Okner（1974）为代表，假设间接税全部转嫁给消费者；一种是以 Browning（1978）和 Browning & Johson（1979）为代表，假设间接税部分前转给消费者，部分后转给要素所有者。在现实经

---

　　① Musgrave et al.（1974）认为，预算归宿分析法考察的范围，不仅应包括政府税收对居民收入分配的影响，还应包括政府的转移支付的影响，但没有考查政府公共服务支出的影响。他们还认为，在一定的税收归宿假设下，企业税、财产税、工薪税被看作是间接税。

济活动中，税收无论是向前转嫁还是向后转嫁，转嫁的程度要取决于许多经济因素和经济条件，具体转嫁数量，必须根据具体的情况作具体的分析（王传纶、高培勇，2002）。

居民收入核算框架，从居民收入核算角度，分析财政的各项收支工具对居民收入的影响。居民的收入核算框架由两部分组成，一是居民收入概念的界定，通常使用真实收入、市场收入、初始收入、总收入、税前（后）收入、财政前（后）收入、转移支付前（后）收入、可支配收入等概念，如 Reynolds & Smolensky（1977）、Kakwani（1977，1986），Wang et al.（2012）、Huesca & Araar（2014）、Lustig（2015）等不同学者间存在差异，因此，在使用时需要对其加以界定。二是财政收支对居民收入的影响，各项财政收支工具按一定顺序对居民收入产生影响，据此可以得出各项财政工具作用前后居民收入的变化。需要强调的是，在现有的居民收入核算框架中，未能很好地将间接税这一重要财政工具纳入。Kakwani（1977）指出，其测算方法适用于直接税、间接税和各项政府支出，然而他并没有直接测算间接税的再分配效应。Lustig（2015）的核算框架中虽然包含了间接税，但是将其作为可支配收入的一个减项，假设间接税全部向前转嫁给消费者。这一假设不能准确体现间接税归宿原理，也不能准确体现间接税对居民收入分配的影响机制。本文根据间接税归宿的原理，将间接税分为居民来源端间接税和使用端间接税，并通过使用差别税收归宿方法，在一般均衡模型中，使用一次性总付税代替间接税，测算出在没有间接税状态下，居民的真实收入和支出，并将其分别纳入居民收入核算框架中，这也是对现有居民收入核算框架的拓展，详见表6。

　　MT 指数测算及分解，是在居民收入核算框架的基础上，通过对基于 Gini 系数计算的 MT 指数测算得出财政的再分配效应（Musgrave & Thin，1948；Kakwani，1977）。学者还通过对 MT 指数的分解①来测算各财政工具的再分配效应，并形成"顺序核算分解法"（Sequential accounting decomposition approach）。该方法强调财政工具对居民收入分配的影响"可分解"和"按顺序"。其中"可分解"是指财政再分配总效应是各项财政工具效应的综合结果，总效应可以分解为各项财政工具的分效应。"按顺序"是指不同财政工具对居民核算的影响遵循一定的顺序和过程。二者综合后，"按顺序分解"则要求在测算每一项财政工具再分配效应时，政策作用前后的收入是按顺序计算的，

---

　　① 根据研究目的不同，有多种 MT 指数分解方法，如 Kakwani（1977）通过对 MT 指数的分解来测算税收累进性；Kakwani（1986）通过 MT 分解来测算横向公平与纵向公平；Wilhelm（1990）通过对 MT 指数的分解来测算不同税制要素的收入分配效应。

而不是某一固定的收入（如市场收入或财政前收入），并据此测算政策作用前后的 Gini 系数及 MT 指数，从而在分析某一政策工具再分配效应时有效地排除了其他政策工具的效应（Kakwani，1986；Immervoll et al.，2005；Whiteford，2008）。由于各国财政政策存在差别，加之研究者的理解不同，因此，对不同国家进行研究时，其各项财政工具的作用顺序通常不同。如 Wang et al.（2012）对 OECD 中的 28 个国家研究时和 Lustig（2015）对 7 个中等收入国家研究时根据不同国家财政政策特点明确其作用顺序。因此，中国财政工具对居民收入分配的作用过程和机制，需要根据中国的财政制度的特点加以具体规定，而不能照搬其他文献，中国的具体顺序和机制详见表6。

根据本文数据特点，我们采用由 Mookherjee & Shorrocks（1982）、Aronson & Lambert（1994）、李实（2002）、金成武（2007）等人给出的离散分布收入数据的基尼系数计算公式：

$$G = \sum_i \sum_j |Y_i - Y_j| / 2n^2\mu$$

其中，n 为个体数，μ 为所有个体的平均收入，Y_i 为个体 i 的收入水平，$|Y_i - Y_j|$ 为任意两个个体收入水平之差的绝对值。

在测算财政再分配效应时，最常用的指标是由 Musgrave & Thin（1948）提出的 MT 指数，该指数为财政工具作用前与作用后的基尼系数之差，其计算公式如下：

$$MT = G - G_F$$

其中 G 为财政工具作用前的基尼系数，G_F 为财政工具作用后的基尼系数，如果财政工具有利于收入分配，则其作用后，基尼系数下降，MT 为正，反之亦然。也即 MT 为正值表示财政工具有利于缩小收入差距，反之，MT 为负，则导致收入差距扩大。

表 6 是本文给出的财政再分配效应的测算原理，该原理将预算归宿分析、居民收入核算框架和 MT 指数测算相结合，形成一个统一完整的分析框架。表 6 是对以 Wang et al.（2012）为代表的居民收入核算框架的进一步完善，特别是将间接税根据归宿机制纳入分析框架，这体现在表 6 的第 1、2、12、13 行。其中，第 2 行为居民收入来源端间接税，在其基础上可以计算出居民间接税前的市场收入（第 1 行）；第 12 行为居民支出端间接税，在此基础上可以计算出居民消费时扣除商品中间接税后的真实收入（第 13 行）。

表6　　　　　　　财政再分配效应分析与测算框架

序号	财政归宿及对居民收入的调节	表达式	收入差距与财政再分配效应	表达式
1	市场收入	Y_i^m	财政作用前的收入差距	G_m

续表

序号	财政归宿及对居民收入的调节	表达式	收入差距与财政再分配效应	表达式
2	减：来源端间接税（增值税、营业税、消费税、城市维护建设税、进口税收、企业所得税、企业缴纳的房产税、城镇土地使用税、土地增值税等14项）	$-\sum_{c=1}^{14} T_{sc}^{i}$	来源端间接税的再分配效应	$MT_{Ts} = G_m - G_p$
3	＝初始收入	$= Y_i^p$	间接税后的收入差距	G_p
4	加：社会保障收入（养老金或离退休金、失业保险金、提取住房公积金3项）	$+\sum_{k=1}^{3} B_k^{i}$	社会保障收入的再分配效应	$MT_B = G_p - G_b$
5	＝社保收入后收入	$= Y_i^b$	社会保障收入后收入差距	G_b
6	加：转移支付（社会救济收入、赡养收入、捐赠收入、其他转移性收入4项）	$+\sum_{z=1}^{4} B_z^{i}$	转移支付的再分配效应	$MT_{TR} = G_b - G_g$
7	＝总收入	$= Y_i^g$	直接税（费）前的收入差距	G_g
8	减：社会保障缴费（个人缴纳的养老基金、医疗基金、失业基金、住房公积金及其他社会保障支出5项）	$-\sum_{m=1}^{5} F_{fm}^{i}$	社会保障缴费的再分配效应	$MT_F = G_g - G_f$
9	＝社会保障费后可支配收入	$= Y_i^f$	社会保障缴费后的收入差距	G_f
10	减：个人所得税	$- T^i$	个人所得税的再分配效应	$MT_T = G_f - G_t$
11	＝个人所得税后可支配收入	$= Y_i^t$	直接税后的收入差距	G_t

续表

序号	财政归宿及对居民收入的调节	表达式	收入差距与财政再分配效应	表达式
12	减：支出端间接税（增值税、营业税、消费税、城市维护建设税、进口税收、企业所得税、企业缴纳的房产税、城镇土地使用税、土地增值税等14项）	$-\sum_{c=1}^{14} T_{uc}^{i}$	支出端间接税的再分配效应	$MT_{Tu} = G_t - G_r$
13	= 真实收入	Y_i^r	财政作用后的收入差距	G_r

表6中第二列为各项财政工具对居民收入的再分配过程，其公式表达如下：

$$Y_i^r = Y_i^m - \sum_{c=1}^{14} T_{sc}^{i} + \sum_{k=1}^{3} B_k^i + \sum_{z=1}^{4} B_z^i - \sum_{m=1}^{5} F_{fm}^{i} - T^i - \sum_{c=1}^{14} T_{uc}^{i}$$

等式左边 Y_i^r 表示居民 i 在经历所有财政工具作用后的"真实收入"，等式右边共有七项。这七项的顺序体现了各项再分配政策的作用过程和机制。其中第一项 Y_i^m 表示居民 i 劳动和资本要素的"市场收入"，该收入假定在没有间接税而在纯市场情况下的收入。第二项 $\sum_{c=1}^{14} T_{sc}^{i}$ 表示居民 i 缴纳的各项来源端间接税之和，本文中共有14项间接税，居民 i 缴纳的来源端间接税 c 为 T_{sc}^{i}。第三项 $\sum_{k=1}^{3} B_k^i$ 表示居民 i 收到的各项社会保障收入之和，本文中共有3项社会保障收入项目，居民 i 收到的社会保障收入项目 k 为 B_k^i。第四项 $\sum_{z=1}^{4} B_z^i$ 表示居民 i 收到的各项转移支付之和，本文中共有 4 项转移支付项目，居民 i 收到的转移支付项目 z 为 B_z^i。第五项 $\sum_{m=1}^{5} F_{fm}^i$ 表示居民 i 缴纳的各项社会保障费之和，本文中共有 5 项社会保障费，居民 i 缴纳的社会保障费 m 为 F_{fm}^i。第六项 T^i 为居民 i 缴纳的个人所得税。第七项 $\sum_{c=1}^{14} T_{uc}^i$ 表示居民 i 缴纳的各项使用端间接税之和，本文中共有 14 项间接税，居民 i 缴纳的使用端间接税 c 为 T_{uc}^i。在计算某一类项目对收入的影响时，均是在其前项基础之上。而计算每一类项目中的各子项目对收入的影响，则假定此类项目中其他子项目均未发生，仅计算该子项目对收入的影响。

表 6 中第四列为各项财政工具对居民收入的再分配效应，其公式表达如下：

$$MT = \alpha \sum_{c=1}^{14} (G_m - G_{pc}) + \beta \sum_{k=1}^{3} (G_p - G_{bk}) +$$
$$\chi \sum_{z=1}^{4} (G_b - G_{gz}) + \delta \sum_{m=1}^{5} (G_g - G_{fm}) + (G_f - G_t) +$$
$$\varphi \sum_{c=1}^{14} (G_t - G_{rc})$$

等式左边 MT 表示各项财政工具总的收入分配效应，等式右边的六项，按顺序影响收入再分配，分别表示来源端间接税、社会保障收入、转移支付、社会保障费、个人所得税和使用端间接税的再分配效应。

其中，每一项内部又由多个项目组成，每个项目的再分配效应公式亦包含在上式中，如使用端间接税 c 的再分配效应为（ $G_m - G_{pc}$ ），社会保障收益 k 的再分配效应为（ $G_p - G_{bk}$ ），转移支付 z 的再分配效应为（ $G_b - G_{gz}$ ），社会保障费 f 的再分配效应为（ $G_g - G_{fm}$ ），个人所得税的再分配效应为（ $G_f - G_t$ ），使用端间接税 c 的再分配效应为（ $G_t - G_{rc}$ ）。需要强调的是，由于在每一大项财政工具内的各小项之间，并无顺序规定，因此，在计算每一小项财政工具的收入再分配效应时，均直接测算只征收该财政工具而无同类其他财政工具时的再分配效应。由于在分别计算各小项财政工具的再分配效应后再相加的结果，大于将各小类财政工具统一计算的数值，因此需要使用调整系数对各小项再分配效应的加总值进行调整，其调整系数分别为上式中的 α 、 β 、 χ 、 δ 、 φ 。

第三节　模型与数据

（一）CGE 模型设置

根据上述财政再分配效应的测算原理，在 2012 年投入产出表和社会核算矩阵编制的基础上，本文构建了一个可计算一般均衡（CGE）模型。该模型具有如下特点：（1）包含了企业、居民和政府三个重要部门，其中，企业细分为 62 个行业，居民包括 5 组城市居民和 5 组农村居民。（2）包含了税收、社会保障和转移支付等重要的财政再分配工具，并具体细分为 14 项间接税、1 项个人所得税、5 项社保缴费、3 项社保收入和 4 项转移支付。（3）根据财政工具归宿原理设置各项财政工具。其中，增值税直接影响企业劳动与资本的要素收入，营业税等商品税直接影响企业商品销售价格，企业所得税直接影响资本所有者收入，企业缴纳的房产税等各项财产行为税直接影响商品生产成本，这些税收影响商品和要素价格，最终归宿为各组城乡居民。而个人所得税、社保缴费、社保收入和转移支付直接作用于居民收入，以各组城乡居民为归宿。（4）可实现对各项财政工具作用前后居民收入、Gini 系数和 MT 指数的计算。该模型的具体设置如下。

根据中国投入产出表的分类，并考虑各行业税收数据的可得性，模型将生产细分为 62 个部门。假设每个生产部门有一个竞争性企业，每个企业生产一种商品。生产者按利润最大化的原则根据市场价格来决定其要素投入与产出的数量。生产的投入包括中间投入、劳动和资本，产品的产出根据利润最大化原则按常弹性转换（CET）函数在出口和国内市场间分配，产品的供给由国内生产国内消费的商品和进口商品组成 Armington 复合商品。

生产过程由两层嵌套的 CES 生产函数描述。假定资本和劳动完全流动，生产的规模报酬不变。第一层 CES 生产函数，总产出 QX 由增加值 QKL 和中间投入组合 $QINT$ 决定。该 CES 函数是非线性的，各投入部分之间的比例随着相对价格的变化而变化，即不同投入部分之间存在着替代性。PX、$PINT$、PKL 分别为总产出、中间投入和增加值的价格。λ_i^{qx} 为函数的规模参数，β_i^{kl}、β_i^{nd} 为份额参数，ρ_i^{qx} 为替代弹性参数。$rvat_i$ 为增值税实际有效税率。根据课税原理，增值税以增加值为课税对象，直接影响 PKL。该层 CES 生产函数最优条件下的价格和数量表达式如下：

$$QX_i = \lambda_i^{qx} \cdot \{\beta_i^{kl} \cdot QKL_i^{-\rho_i^{qx}} + \beta_i^{nd} \cdot QINT_i^{-\rho_i^{qx}}\}^{-\frac{1}{\rho_i^{qx}}}$$

$$QKL_i = \left(\frac{1}{\lambda_i^{qx}}\right)^{\frac{\rho_i^{qx}}{1+\rho_i^{qx}}} \cdot \left\{\beta_i^{kl} \cdot \frac{PX_i}{(1 + rvat_i) PKL_i}\right\}^{\frac{1}{1+\rho_i^{qx}}} \cdot QX_i$$

$$QINT_i = \left(\frac{1}{\lambda_i^{qx}}\right)^{\frac{\rho_i^{qx}}{1+\rho_i^{qx}}} \cdot \left\{\beta_i^{nd} \cdot \frac{PX_i}{PINT_i}\right\}^{\frac{1}{1+\rho_i^{qx}}} \cdot QX_i$$

第二层增加值部分的生产函数也为 CES 函数表达，其投入为劳动量 QL 和资本量 QK，假定经济中统一的劳动价格和资本价格分别为 WL、WK，λ_i^{kl} 为函数的规模参数，β_i^{k}、β_i^{l} 为份额参数，ρ_i^{kl} 为替代弹性参数。$rcit_i$ 为企业所得税有效税率。根据企业所得税原理，企业所得税是对税后利润的课征，直接影响资本所有者的回报率 WK。该层的 CES 生产函数最优条件下的数量和价格表达式如下：

$$QKL_i = \lambda_i^{kl} \cdot \{\beta_i^k \cdot QK_i^{-\rho_i^{kl}} + \beta_i^l \cdot QL_i^{-\rho_i^{kl}}\}^{-\frac{1}{\rho_i^{kl}}}$$

$$QK_i = \left(\frac{1}{\lambda_i^{kl}}\right)^{\frac{\rho_i^{kl}}{1+\rho_i^{kl}}} \cdot \left\{\beta_i^{\ k} \cdot \frac{PKL_i}{(1 + rcit_i) WK}\right\}^{\frac{1}{1+\rho_i^{kl}}} \cdot QKL_i$$

$$QL_i = \left(\frac{1}{\lambda_i^{kl}}\right)^{\frac{\rho_i^{kl}}{1+\rho_i^{kl}}} \cdot \left\{\beta_i^{\ l} \cdot \frac{PKL_i}{WL}\right\}^{\frac{1}{1+\rho_i^{kl}}} \cdot QKL_i$$

中间投入部分的生产函数是列昂惕夫生产函数，该函数为线性，各投入部分之间的比例固定，相对价格的变化不会影响各部分投入比例，不同投入部分之间不存在替代关系。ca_{ij} 为中间投入部分的投入产出直接消费系数，指要生产一个单位 i 部门的总中间投入，需要使用多少 j 部门的商品。PQ 为中间投入品价格。其表达式如下：

$$QINTA_{ij} = ca_{ij} \cdot QINT_j$$

$$PINT_j = \sum_i ca_{ij} \cdot PQ_i$$

在开放经济下，中间投入使用 Armington 复合商品 QQ，该商品由国内生产国内消费商品 QD 和进口商品 QM 组成构成，其价格为 PQ。λ_i^m 为函数的规模参数，δ_i^d、δ_i^m 为份额参数，ρ_i^m 为替代弹性参数。$rimpt$ 为进口税收的有效税率。根据进口税收原理，进口税收以进口商品为课税对象，直接影响进口商品价格 PM。其表达式如下：

$$QQ_i = \lambda_i^m \cdot \{\delta_i^d \cdot QD_i^{-\rho_i^m} + \delta_i^m \cdot QM_i^{-\rho_i^m}\}^{-\frac{1}{\rho_i^m}}$$

$$QD_i = \left(\frac{1}{\lambda_i^m}\right)^{\frac{\rho_i^m}{1+\rho_i^m}} \cdot \left\{\delta_i^d \cdot \frac{PQ_i}{PD_i}\right\}^{\frac{1}{1+\rho_i^m}} \cdot QQ_i$$

$$QM_i = \left(\frac{1}{\lambda_i^m}\right)^{\frac{\rho_i^m}{1+\rho_i^m}} \cdot \left\{\delta_i^m \cdot \frac{PQ_i}{(1+rimpt_i)PM_i}\right\}^{\frac{1}{1+\rho_i^m}} \cdot QQ_i$$

国内商品 QX 分为国内销售 QD 和出口 QE 两部分，λ_i^e 为函数的规模参数，ε_i^d、ε_i^e 为份额参数，ρ_i^e 为替代弹性参数。$\sum_{c=1}^{12} rint_i^c$ 为营业税、消费税、城市维护建设税、房产税、城镇土地使用税等间接税的实际有效税率之和。这些间接税分为两类，一类是营业税和消费税等直接以商品为课税对象的间接税，直接影响国内商品价格 PX；另一类是房产税、城镇土地使用税等间接税，以企业的财产为课税对象，这些税收在企业会计核算中作为成本列支，并影响国内商品价格 PX。其替代关系由 CET 函数代表：

$$QX_i = \lambda_i^e \cdot \{\varepsilon_i^d \cdot QD_i^{-\rho_i^e} + \varepsilon_i^e \cdot QE_i^{-\rho_i^e}\}^{-\frac{1}{\rho_i^e}}$$

$$QD_i = \left(\frac{1}{\lambda_i^e}\right)^{\frac{\rho_i^e}{\rho_i^e-1}} \cdot \left\{\varepsilon_i^d \cdot \frac{(1+\sum_{c=1}^{12} rint_i^c)PX_i}{PD_i}\right\}^{\frac{-1}{\rho_i^e-1}} \cdot QX_i$$

$$QE_i = \left(\frac{1}{\lambda_i^e}\right)^{\frac{\rho_i^e}{\rho_i^e-1}} \cdot \left\{\varepsilon_i^e \cdot \frac{(1+\sum_{c=1}^{12} rint_i^c)PX_i}{PE_i}\right\}^{\frac{-1}{\rho_i^e-1}} \cdot QX_i$$

上述公式中，包含了中国各项间接税，并根据其课税原理进行了设置。这些间接税对要素和商品价格产生影响，企业在利润最大化目标下，将税收负担转嫁给居民。

2. 居民与直接税、社会保障和转移支付

居民在效用最大化目标和收入约束下安排支出。居民的收入包括劳动收入 YHL，资本收入 YHK，社会保障收入 $RSSRK$，转移支付收入 $RSSRZ$。居民的支出包括各项社会保障缴费 $RSSFm$，个人所得税 $GIHTAX$，各项商品服务支出 HD_i。其表达公式如下：

$$TYH_h = YHL_h + YHK_h + \sum_{k=1}^{3} RSSR_h^k + \sum_{z=1}^{4} RSSR_h^z$$

$$SH_h = rsh_h \cdot \left(1 - \sum_{m=1}^{5} RSSF_h^m - GIHTAX_h\right) \cdot TYH_h$$

$$PQ_i \cdot HD_{ih} = conh_{ih} \cdot \left(TYH_h - \sum_{m=1}^{5} RSSF_h^m - GIHTAX_h - SH_h\right)$$

根据居民收入核算框架和顺序分解法，其真实收入 RY 为"初始收入"（$YHL_h + YHK_h$）、"社保收入" $\sum_{k=1}^{3} RSSR_h^k$、"转移支付收入" $\sum_{z=1}^{4} RSSR_h^z$、"社会保障费" $\sum_{m=1}^{5} RSSF_h^m$、"个人所得税" $GIHTAX_h$ 和"消费支出" $\sum_i PQ_i \cdot HD_{ih}$ 按顺序相加减得到。需要指出的是，各项直接税费和收入均已包含在公式中，间接税并未出现在公式中，而是内含于公式中。其中，（$YHL_h + YHK_h$）为包含居民收入来源端间接税的收入，$\sum_i PQ_i \cdot HD_{ih}$ 为包含居民收入使用端间接税的消费支出。通过使用一次性总付税代替间接税，可以测得不含来源端间接税的"初始收入"和不含使用端间接税的"真实收入"。

$$RY_h = (YHL_h + YHK_h) + \sum_{k=1}^{3} RSSR_h^k + \sum_{z=1}^{4} RSSR_h^z -$$

$$\sum_{m=1}^{5} RSSF_h^m - GIHTAX_h - \sum_i PQ_i \cdot HD_{ih}$$

3. 政府与财政收支

政府行为也以实现效用最大化为目标来安排其各项财政收支。其收入 TYG 来源包括个人所得税 $\sum_h GIHTAX_h$，各项间接税 $\sum_i \sum_{c=1}^{14} GINT_i^c$，各项社保缴费 $\sum_h \sum_{m=1}^{5} RSSF_h^m$；其支出包括社会保障支出 $\sum_{k=1}^{3} RSSR_h^k$，对居民转移支付 $\sum_{z=1}^{4} RSSR_h^z$，对企业转移支付 $TRANSGTE$，一般性支出 $PQ_i \cdot GD_i$，政府储蓄 SG。其表达公式如下：

$$TYG = \sum_h GIHTAX_h + \sum_i \sum_{c=1}^{14} GINT_i^c +$$

$$\sum_h \sum_{m=1}^{5} RSSF_h^m$$

$$PQ_i \cdot GD_i = cong_i \cdot (TYG - \sum_h (\sum_{k=1}^{3} RSSR_h^k +$$

$$\sum_{z=1}^{4} RSSR_h^z) - TRANSGTE - SG)$$

（二）数据与参数

社会核算矩阵（Social accountint matrix，又称SAM表）是校准 CGE 模型参数及外生变量的数据基础。

SAM 表中的数据大部分来源于《中国投入产出表》（2012），储蓄及政府转移支付等数据来源于《中国统计年鉴》（2013），税收数据来源于《中国税务年鉴》（2013）。根据上述数据，本文首先构建了均衡的宏观 SAM 表，并在此基础上对生产、居民和间接税等账户进行细分，均衡的细分 SAM 表为刻画经济中各部门（如企业、住户、政府）的行为提供了基础数据，并内含了其重要特征及相关参数。

以平衡的细分 SAM 表数据集为基础，本文估计出了 CGE 模型的重要参数，其中包括各生产部门的相关份额参数、规模参数、投入产出消耗系数，住户的边际储蓄倾向、边际消费倾向，增值税、营业税、消费税、其他间接税、个人所得税、企业所得税、房产税、土地增值税、城镇土地使用税等税收的实际税率。根据 CGE 的通常做法，CES 生产函数中的要素替代弹性、Armington 弹性和 CET 弹性值，均采用其他文献的估计数值，赵永、王劲峰（2008）对不同学者及其使用不同方法所估计的这些数值进行了综述，本文以此为基础确定。

根据研究需要，各产业部门缴纳的各项间接税和各组居民的收入支出数据集中体现间接税和居民特征，数据的可靠性和准确性尤为重要。本文中的上述数据均来自国家权威部门发布的数据。其中，各项税收数据来自《中国税务年鉴》"全国税收收入分税种分产业收入情况表"。居民收入与支出数据来自《中国统计年鉴（2013）》和 2009—2011 年《中国城市居民生活与价格年鉴》。

以国家统计局对城乡居民收入分组为基础，本文将农村和城镇居民均分为五等分组，分别为低收入户、中低收入户、中等收入户、中高收入户和高收入户。居民收入包括工薪收入、资本收入、社保收入和转移性收入。社保收入具体包括养老金、住房公积金、失业保障金。转移支付收入具体包括社会救济收入、赡养收入、捐赠收入、其他转移性收入。居民支出包括消费支出、社会保障缴费、个人所得税、储蓄。其中，社会保障缴纳包括养老基金、医疗基金、失业基金、住房公积金和其他社会保障支出。消费支出包括 62 项商品。

第四节　实证结果与分析

根据拓展后的财政再分配分析方法，基于中国现实数据，运用 CGE 模型，本文对包括间接税在内的各项税收、社会保障缴费和收入、转移支付收入等各项财政工具的再分配效应进行了测算，其结果如表 7 所示。

从全国来看，财政作用前居民市场收入的 Gini 系数为 0.4129，各项财政作用后居民真实收入的 Gini 系数为 0.4317，MT 指数的变化为 -0.0187，变化幅度为 -4.5%。这表明，各项财政工具综合作用后，不仅没有缩小收入差距，反而导致收入差距进一步扩大。由于间接税对居民资本和劳动要素收入的影响，居民市场收入在扣除来源端间接税后的初始收入的基尼系数为 0.4199，MT 指数变化为 -0.0070，表明来源端间接税使 Gini 系数增加，扩大了收入分配差距。-0.0070 的变化与全部财政工具导致的基尼系数的变化的绝对值 0.0187 相比，得出来源端间接税在整个财政再分配中的贡献为 -37%。同理，社会保障收入导致 MT 指数变化为 -0.0053，贡献为 -28%；转移支付导致 MT 指数变化为 0.0127，贡献为 69%；社会保障缴费导致 MT 指数变化为 0.0017，贡献为 9%；个人所得税导致 MT 指数变化为 0.0028，贡献为 15%；支出端间接税导致 MT 指数变化为 -0.0236，贡献为 -126%。图 18 更加直观地反映了整体财政再分配效应和各项财政工具对收入分配影响的方向和贡献大小。

表 7　　　　　　　　　　中国财政再分配总效应及其分解

居民收入/财政收支	测算指标	全国	农村	城镇
市场收入	G_m	0.4129	0.3640	0.2972
来源端间接税	MT_{Ts} $MT_{Ts}/\lvert MT \rvert$	-0.0070 -37%	0.0006 1%	0.0018 6%

续表

居民收入/财政收支	测算指标	全国	农村	城镇
初始收入	G_p	0.4199	0.3634	0.2954
社会保障收入	MT_B $MT_B/\lvert MT\rvert$	−0.0053 −28%	0.0000 0	0.0005 2%
社保后收入	G_b	0.4252	0.3634	0.2949
转移支付	MT_{TR} $MT_{TR}/\lvert MT\rvert$	0.0127 69%	0.0073 7%	0.0002 1%
总收入	G_g	0.4125	0.3561	0.2947
社会保障缴费	MT_F $MT_F/\lvert MT\rvert$	0.0017 9%	0.0000 0	−0.0005 −2%
费后可支配收入	G_f	0.4108	0.3561	0.2952
个人所得税	MT_T $MT_T/\lvert MT\rvert$	0.0028 15%	0.0000 0	0.0033 11%
税后可支配收入	G_t	0.4080	0.3561	0.2919
支出端间接税	MT_{Tu} $MT_{Tu}/\lvert MT\rvert$	−0.0236 −126%	−0.1237 −107%	−0.0354 −118%
真实收入	G_r	0.4317	0.4798	0.3272
整体财政收支	MT $MT/\lvert MT\rvert$	−0.0187 −100%	−0.1158 −100%	−0.0301 −100%

从农村来看，整体财政再分配，使基尼系数由财政作用前的 0.3640 变为财政作用后的 0.4798，MT 指数变化为 −0.1158，变化幅度为 −32%。其中，收入来源端间接税，导致 MT 指数变化为 0.0006，贡献为 1%；社会保障收入和缴费，由于农村居民养老、失业、生育等方面的制度尚未建立，农村合作医疗由于保障水平低、缴费低，加之统计数据缺失，本文忽略其对收入分配的影响。转移支付，导致 MT 指数变

化为 0.0073，贡献为 7%；农村居民的个人所得税缴纳也几乎为零，因此个人所得税对农村居民的收入分配也没有调节作用；支出端间接税，导致 MT 指数变化为 -0.1237，贡献为 -107%。从图 19 可以更加直观地看出各项财政工具对收入分配影响的方向和贡献大小。

从城镇来看，整体财政再分配，使基尼系数由财政作用前的 0.2972 变为财政作用后的 0.3272，MT 指数变化为 -0.0301，变化幅度为 -10%。其中，收入来源端间接税，导致 MT 指数变化为 0.0018%，贡献为 6%；社会保障收入，导致 MT 指数变化为 0.0005，贡献为 2%；转移支付，导致 MT 指数变化为 0.0002，贡献为 1%；社会保障缴费，导致 MT 指数变化为 -0.0005，贡献为 -2%，这表明社会保障缴费具有较弱的逆向调节作用，其负向调节作用与社会保障收入的正向调节作用抵消，也即从整个城镇社会保障收支综合来看，整体上对收入分配的影响为 0；个人所得税，导致 MT 指数变化为 0.0033，贡献为 11%；支出端间接税，导致 MT 指数变化为 -0.0354，贡献为 -118%。图 20 更直观地显示了不同财政工具对城镇居民收入分配调节的方向与贡献大小。

从城乡对比来看，如图 21，现有财政再分配制度对农村收入分配的逆向调节作用远大于城镇，财政再分配导致农村 Gini 系数下降 0.1158，城镇 Gini 系数下降 0.0301，财政再分配对农村的负效应是城镇的 3.8 倍，加大了城乡收入分配差距。其主要原因在于支出端间接税，对农村居民的影响是 −0.1237，对城镇居民的影响是 −0.0354，支出端间接税对收入分配的逆向调节，农村为城镇的 3.5 倍。此外，农村和城镇的比较还有一个突出特点，即转移支付对农村和城镇居民收入分配均发挥着正向调节作用，对农村的作用效果为 0.0073，远大于城镇的 0.0002，但相对于支出端的间接税的逆向调节作用则较为微弱。

值得注意的是，来源端间接税对农村和城镇的影响的 MT 指数分别为 0.0006 和 0.0018，均为正值，表明来源端间接税具有正向调节作用，而对全国的影响为 −0.0070，表明其作用为逆向调节。原因在于，来源端间接税导致城乡之间收入差距拉大。同理，社会保障收入，对农村居民调节几乎为零，而对城镇为 0.0005，更加有利于城镇，导致城乡收入差距拉大，并在全国呈现为逆向调节。转移支付对农村和城镇的调节效果分别为 0.0073 和 0.0002，均为正向调节，同时有利于缩小城乡差距，转移支付对全国的影响效果进一步增大为 0.0127。社会保障缴费，对农村的影响为 0，对城镇为 −0.0005，由于农村居民缴纳的社保费远少于城镇居民，导致城镇收入差距缩小，从全国来看，有利于缩小收入差距，其效果为 0.0017。个人所得税，由于农村居民基本不缴纳，而城镇居民相对缴纳较多，因此有利于缩小城乡差距，同时个人所得税在城镇内部也对收入分配调节起着正向作用，其效果为 0.0033，对全国的综合效果为 0.0028。

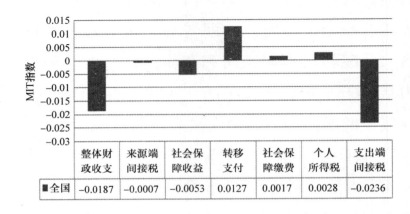

图 18　财政再分配效应（全国）

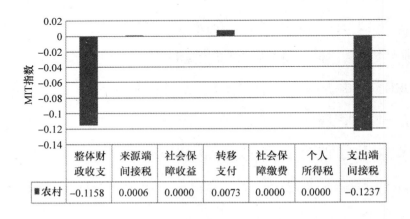

图 19　财政再分配效应（农村）

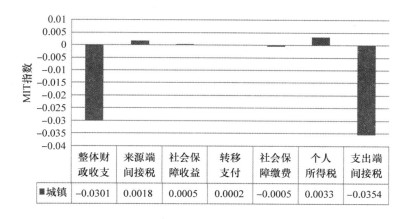

图 20　财政再分配效应（城镇）

	整体财政收支	来源端间接税	社会保障收益	转移支付	社会保障缴费	个人所得税	支出端间接税
■城镇	−0.0301	0.0018	0.0005	0.0002	−0.0005	0.0033	−0.0354

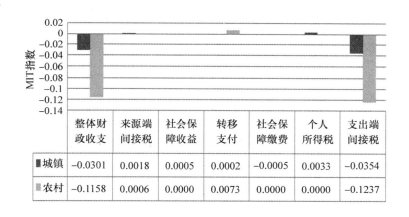

图 21　财政再分配效应（城乡比较）

	整体财政收支	来源端间接税	社会保障收益	转移支付	社会保障缴费	个人所得税	支出端间接税
■城镇	−0.0301	0.0018	0.0005	0.0002	−0.0005	0.0033	−0.0354
▦农村	−0.1158	0.0006	0.0000	0.0073	0.0000	0.0000	−0.1237

　　上述分析可见，不同财政工具的调节效果和比重，是影响中国财政再分配效果的两个关键因素。从财政工具的调节效果来看，本文测算表明，中国间接税的效应为负，个人所得税、社会保障收入、转移支付收入的效应均为正，社会保障缴费的效应为负；社会保障缴费和负效应与社会保障收入的正效应大体相抵。从不同财政工具的比重来看，2012 年中国个人所得税

占全部税收收入的比重仅为 5.8%，[①] 同时间接税比重过高；社会保障和转移支付在财政支出中的比重过低，2012 年中国社会保障和转移支付占 GDP 的比重为 10%，OECD 国家可比口径的转移支付和社保支出占 GDP 的比重平均达到 31.5%。[②]

第五节　国际比较

据专家预计，到 2020 年中国将从中等收入国家进入高等收入国家行列。[③] 与之相适应，中国也正在推进现代财政制度建设。进一步完善中国财政再分配功能是建设现代财政制度的一个重要内容。为此，在上述对中国财政再分配效应测算的基础上，有必要与其他中等收入国家和高收入国家（地区）财政再分配效应进行比较，从而进一步发现问题、分析原因和明确改

---

① 根据《中国税务年鉴》（2013）计算得出。

② OECD 数据根据 IMF Government Finance Statistics Yearbook（2012）计算得出，中国根据《中国财政年鉴》（2013）计算得出。

③ 林毅夫研究显示，从 1950—2008 年，只有 13 个中等收入经济体进入高收入，其中有 8 个是欧洲国家，再加上日本和亚洲四小龙。第二次世界大战以后，200 多个经济体当中至少有 180 个，经过 70 年的努力，实际上陷入中等收入陷阱或者低收入陷阱。只有两个发展中经济体从低收入进入中等收入，然后继续进入高收入，一个是韩国，一个是中国台湾。中国大陆，很有可能到 2020 年的时候，成为第三个从低收入进入中等收入再进入高收入的国家（详见《林毅夫：2020 中国会是第三个从低收入到高收入的国家》，《凤凰财经》2015 年 9 月 12 日）。

革方向。

根据数据的可得性，本文选择了 16 个国家进行比较，其中包括 10 个发达国家（地区）（美国、英国、法国、德国、爱尔兰、瑞士、加拿大、俄罗斯、韩国、中国台湾），5 个中等收入国家（巴西、墨西哥、秘鲁、乌拉圭、玻利维亚），通过对比中国与这些国家的财政再分配效应，可以得出如下结论。

第一，与中等收入国家相比，中国财政分配前收入差距与其他中等收入国家比处于较低水平，财政分配后也处于较低水平。然而，中国的转移支付、社会保障和直接税费的再分配调节作用小于所列中等收入国家的平均水平，同时中国的间接税导致收入差距拉大，其对收入分配的负作用大于其他中等收入国家。

第二，与高收入国家（地区）相比，中国财政分配前的收入差距与高收入国家（地区）比也处于较低水平，财政分配后却高于发达国家。中国的转移支付、社会保障和直接税费的再分配调节作用小于高收入国家（地区），中国间接税对收入分配的负面作用较大。

第三，中等收入国家与高收入国家（地区）相比，财政作用前收入分配差距高于高收入国家（地区），财政作用后仍高于高收入国家（地区）。高收入国家（地区）社会保障、转移支付和直接税的调节力度显著高于中等收入国家。这些财政工具在降低 Gini 系数中发

挥着主导性作用。其中，发达国家的转移支付普遍高
于直接税的调节力度，在缩小收入分配差距中发挥着
主要作用。

第四，中国的转移支付、社会保障、直接税的再
分配正效用不仅低于中等收入国家，也低于高收入国
家（地区），中国的间接税再分配的负效应不仅高于
中等收入国家也高于高收入国家（地区）。由于中国
间接税对收入分配的负效应大于其他财政工具的正效
应，导致中国整体财政再分配效应为负，而其他中等
收入国家和高收入国家（地区）财政整体再分配效应
普遍为正。

第五，韩国和中国台湾与其他高收入国家（地区）
不同，其财政作用前的收入差距较低，即初次分配后
的收入分配差距较小，同时其社会保障、转移支付和
直接税的再分配效应要小于发达国家，但其财政作用
后的收入分配差距在发达国家（地区）中仍然较低。
这表明，如果能通过初次分配缩小收入差距，则财政
的再分配力度可以大大降低。

第六节   结论与政策建议

现有对财政再分配的分析方法没有能够将间接税
有效地纳入分析框架，这对于间接税比重相对较低的

发达国家来说，对于其财政再分配效应的影响较小，然而，由于中国直接税比重过低，而间接税比重过大，因此，将间接税排除在外，将极大地影响测算结果的准确性。本文根据间接税归宿原理，将间接税划分为居民收入来源端间接税和使用端间接税，并纳入由财政预算归宿分析、居民收入核算框架和 MT 指数测算组成的分析方法中。在此基础上，本文对中国税收、社会保障和转移支付三类重要的财政工具的再分配效应进行了综合测算，并得出如下结论。

（1）无论从全国、农村和城镇来看，财政再分配的效应均为负，其对农村的负作用大于城镇，即财政再分配没有起到缩小收入差距的作用，反而加大了收入差距和城乡差距，其原因在于中国支出端间接税的负效应远大于社会保障、转移支付和支付税费的正效应，其对农村的影响大于城镇。

（2）不同财政工具的再分配效应存在明显差别。从全国来看，转移支付、社会保障缴费和个人所得税的再分配效应为正，其合计贡献为93%，而来源端间接税、社会保障收入和支出端间接税的再分配效应为负，其合计贡献为 -191%；从农村来看，来源端间接税、转移支付的效应为正，合计贡献为8%，支出端间接税的效应为负，贡献为 -107%；从城镇来看，来源端间接税、社会保障收入、转移支付和个人所得税效应为正，合计为 14%，社会保障缴费和支出端间接税效应为负，合计为 –120%。

（3）与五个中等收入国家比较显示，中国初始收入分配差距低于其他中等收入国家，财政再分配后也低于其他国家，但财政再分配的效应为负，不同于其他中等收入国家。与十个发达国家（地区）比较显示，初始收入分配差距也低于多数发达国家，但中国财政再分配效应为负，而其他发达国家财政再分配效应为正且对收入分配的调节力度大，因此财政再分配后中国的收入分配差距远高于其他发达国家（地区）。其原因在于，中国转移支付、社会保障和直接税的正向调节力度较弱，同时间接税的负向调节作用强。

为了实现中共十八届三中全会提出的"加快健全以税收、社会保障、转移支付为主要手段的再分配调节机制"，适应中国由中等收入国家进入高等收入国家的变化，建设现代财政制度，必须进一步完善中国当前的财政再分配效应。为此，本文提出如下政策建议。

一是优化财政收入结构，逐步提高直接税和社会保障缴纳的比重，同时相应地逐步降低间接税的比重，这一方面可以增加直接税和社会保障缴纳的正效应，另一方面相应地降低了间接税的负效应。

二是优化财政支出结构，逐步提高转移支付和社会保障支出的比重，同时相应地逐步降低一般性财政支出的比重，从而在财政支出端增加调节收入分配的正效应。

三是优化个人所得税制度，实现由分类税制向综合税制的转变，通过综合收入、以家庭为单位纳税、完善费用扣除和税收抵免、完善累进税制等方面的改革，加大个人所得税的累进性。

四是优化间接税制度，降低间接税的累退性和增加累进性，如对初级食品和普通药品实行免征增值税的政策，将更多的奢侈品消费纳入消费税的征收范围等。

第四章　政策建议

当前，中国经济总体已经进入新常态，正从高速增长转向中高速增长，经济发展方式正从规模速度型粗放增长转向质量效率型集约增长，经济结构正从增量扩能为主转向调整存量、做优增量并存的深度调整，经济发展动力正从传统增长点转向新的增长点。"十三五"和"十四五"期间，即使实施"供给侧结构性改革"，中国潜在经济增长速度将下降到5%—7%的水平。根据日本、韩国的经验，该增长率区间将是债务风险与金融风险凸显期和危机爆发期。为此，"十三五"期间需要未雨绸缪，在实施"供给侧结构性改革"的同时，也要控制好财政收支节奏，建立规范的地方政府融资机制，着力提高财政支出绩效，要实施稳健和审慎的货币政策，防止货币政策过度宽松，防止政府和企业债务率大幅攀升。具体建议如下。

一　以税制改革为重心促进财政政策更加积极有效

2017 年上半年中国经济形势虽然有所好转，但仍面临下行压力，需要保持一定力度的扩张性财政政策稳定经济增长。实施积极有效的财政政策，不但要求在财政支出方面保持适度的增速，并优化支出结构、提高资金使用效率，更要求以税制改革为重心，完善税收体系，降低宏观税负，从而激发企业生产活力，增强居民购买力。

（1）推进税制改革，降低宏观税负

宏观税负较重仍是中国保持经济增长、推进供给侧改革需要解决的重要问题。我们将全国一般公共预算收入占 GDP 的比例作为宏观税负的指标，2006 年至 2016 年中国财政收入占 GDP 比重由 17.7% 上升到 21.4%，这表示该口径度量的宏观税负是提高的。从税收承担主体来看，不仅企业承担税负较高，居民的赋税压力也较为严重。在个人所得税制基本不变的前提下，2017 年前两个季度居民人均可支配收入名义增长率同比为 8.8%，而同期个人所得税为 6753 亿元，同比增长 18.6%，远高于居民可支配收入增速。整体来说，中国的税收制度仍有一些不能适应当前经济形势的部分。

首先，从税收结构来看，中国财政税收收入中间接税所占比重过大。不考虑关税，国内增值税、营业税和消费税这三项间接税占财政各项税收收入的比重从 2000 年的 57.9% 下降到 2016 年的 47.9%，尽管整体趋势有所降低，但是比重仍然偏高。间接税税负更容易转嫁，会造成商品价格体系扭曲。相较于直接税而言间接税更具有累退性，不符合公平原则。以间接税为主的税制也更具有顺周期性，限制了政府通过税收调控宏观经济的有效性。

其次，无论从企业还是从居民角度来看，中国经济主体承担税负还较高。企业税负方面，2016 年中国"营改增"全面铺开，对降低企业税率、理顺税制体系有着重要意义。虽然"营改增"减少了重复征税，降低了企业负担，但是中国企业的整体税负仍然偏重，需要进一步降低税率。居民税负方面，个人所得税增速高于居民可支配收入表明中国个人所得税制并不适应如今的经济形势，在调节居民收入方面效果较差。建议中国加快个人所得税制改革方面的研究和论证工作，并尽可能快地实行。

最后，税收体系的缺陷造成政府宏观调控手段的不足。税收政策是中国市场经济宏观调控的基本工具，而税收体系的缺陷会导致宏观调控的力度下降，甚至造成政府过多利用非市场化的行政行为对市场经济进行不当干预。近期这一问题突出表现在环保部门对企业污染问题的治理上。由于中国还未开征环境保护税，因此政府治理企业污染更多依靠罚款和关停等手段，难以形成有效的促进企业运用节能减排技术、减少污染的长效激励机制。某些地区的环保部门为了实现节能减排目标将区域内某些行业所有企业"一刀切"地全部关停，而不考虑行业内企业真实排放情况的差异。这样简单粗暴的方法不仅有悖于市场化改革的大方向，也不利于节能减排长期目标的实现。而通过建立环境保护税收体系，采用更加市场化的方法，依据企业实际排放水平课税将企业外部性内化等方式来激励企业更新更为环保的生产技术，保障达到环保标准的企业正常生产，不仅有利于实现节能减排的目标，也有利于兼顾经济增长和民生的发展目标，保障市场经济秩序。建议尽快完善环境保护、资源利用方面的税收体系，更多利用税收手段调节企业行为，减少行政命令对企业的直接干预。

总之，随着各项改革进入深水区，中国需要进一步解决税收体系中遗留的不适应当前经济形势的各种问题，以提高宏观调控有效性，推动经济发展。

（2）采取多种措施促进财政政策积极有效

第一，提高财政支出规模，保持3%的赤字率。过高的财政支出会提高赤字率进而增加财政风险，因此近年来中国的赤字率保持在3%以下。从1—7月企业利润和出口等指标来看，2017年上半年的经济形势出现好转迹象，但目前仍面临下行压力。因此需要继续保持一定力度的扩张性财政政策以稳定经济增长水平。1—7月财政收入增速回升也为进一步增加财政开支提供了空间。建议全年赤字率仍然保持在3%，既保持对经济一定的刺激力度，也避免过高的财政风险。

第二，提高资金使用效率，增强财政政策有效性。从财政支出的角度看，财政政策效果不只取决于支出规模，还在于财政资金的使用效率。尤其在目前财政支出增速有限的背景下，提高资金使用效率显得更为重要。因此需要进一步探索科学的管理财政资金的办法，减少财政资金闲置甚至浪费的情况。另外应该推广政府和社会资本合作模式，让社会资本更多参与到基础设施建设等项目中来，一方面缓解政府资金投入的不足，另一方面将项目交由专业人员建设和运营可以有效控制风险，提高效率。

第三，推进税制改革，降低宏观税负。首先，中国税收结构中间接税比重过高存在价格扭曲、再分配功能偏弱的缺陷；其次，整体来看，中国企业和居民承担的宏观税负偏重；最后，中国个人所得税增速长期高于人均可支配收入，表明个人所得税在调节居民收入方面效果较差。因此推进税制改革需要统一考虑税收结构，确定直接税与间接税的合理比例；减轻企业税负，降低企业经营成本；研究可以促进中国企业发展的包括增值税、消费税、企业所得税、资源税、环保税等税种在内的税收体系，优化税种和税率结构，增强企业竞争力，促进企业转型升级；推进个人所得税改革，以降低中低收入家庭税收负担为基本方向。

第四，完善环境保护税实施方法，促进企业节能减排。降低企业能耗和污染是推进经济结构调整、转变增长方式的必由之路。目前中国节能减排工作主要采用行政命令方式推进，但是效果并不理想。中国《环境保护税法》将于2018年1月1日在全国范围内开始正式实施，未来的节能减排工作需要以环境保护税这种征收"矫正税"的方式为核心，一方面完善税法的具体实施方案和税收标准，另一方面要减少其他节能减排的行政手段对市场经济的干预。

第五，合理利用税收、社会保障、转移支付等手段，进一步完善中国当前的财政再分配效应。一是优化财政收入结构，逐步提高直接税和社会保障缴纳的比重，同时相应地逐步降低间接税的比重，这一方面可以增强直接税和社会保障缴纳的正效应，另一方面相应地降低了间接税的负效应。二是优化财政支出结构，逐步提高转移支付和社会保障支出的比重，同时相应地逐步降低一般性财政支出的比重，从而在财政支出端增强调节收入分配的正效应。三是优化个人所得税制度，实现由分类税制向综合税制的转变，通过综合收入、以家庭为单位纳税、完善费用扣除和税收抵免、完善累进税制等方面的改革，加大个人所得税的累进性。四是优化间接税制度，降低间接税的累退性和增加累进性，如对初级食品和普通药品实行免征增值税的政策，将更多的奢侈品消费纳入消费税的征收范围等。

二　协调货币政策和审慎监管政策、稳定流动性和风险预期

要坚持稳中求进、把握发展主动权，促进中国经济持续健康发展和社会和谐稳定，未来一年必须加强对增长、就业、物价、国际收支等主要目标的统筹平衡，在保持宏观经济政策连续性稳定性的同时，协调稳健货币政策和审慎监管政策，着力保持合理的流动性增速、防范系统性金融风险，稳定流动性和风险预期，提高金融服务实体经济的效率和水平。

第一，坚持货币政策稳健性，加强货币政策目标和操作弹性，保持流动性合理增长和预期稳定。

具体讲，就是要综合运用货币政策工具组合并创新流动性管理工具，灵活调整流动性操作的方向和力度，引导货币信贷及社会融资规模合理增长，在保持流动性合理增长和适度通胀率的同时，使货币政策目

标和操作与宏观审慎监管政策更具协调性。

近年来，货币政策与审慎监管政策之间的关系成为一个国际热点问题。很多发达国家开始将宏观审慎监管引入货币政策框架，而中国则开始形成货币政策与宏观审慎监管政策的双支柱框架。这要求货币政策目标和操作要更具弹性，兼顾与宏观审慎监管政策的协调性。

实施货币政策规则的目标和操作弹性制，有利于中国货币政策规则弹性制的实施、发挥市场在金融资源配置中的决定性作用，发挥货币政策保持适度流动性、支持经济稳定增长和促进就业的作用；在中国互联网金融和资管不断创新的情形下，有利于平衡金融创新和审慎监管，防范系统性金融风险。

在市场深化和金融创新快速发展的背景下，要发挥货币政策弹性目标制的有效性，就必须综合运用数量、价格等多种货币政策工具组合并相机创新流动性管理工具，在维持适度通胀率和合理杠杆率的同时，适时运用公开市场短期流动性调节工具、回购、票据、存款准备金率、再贷款、再贴现、常备借贷便利等工具组合，引导和调节银行体系流动性，适时运用金融政策工具引导商业银行、影子银行加强流动性、资产负债和理财组合管理，从而保持合理市场流动性并引导货币信贷及社会融资规模合理增长，促进国民经济稳中有进。

第二，创新金融调控差别化方式，发挥宏观审慎监管结构性引导功能，支持产业结构优化升级。

具体讲，就是要继续完善宏观审慎评估及差异性准备金率动态机制，着力健全货币政策与宏观审慎监管的内在协调框架，完善金融调控结构机制，强化金融资源的市场化调控和资产负债管理，加强表外业务核算和监管，引导金融机构优化金融资源配置，优化增量、盘活存量，在改善和优化信贷结构和融资结构的同时，鼓励金融有效支持经济结构调整和转型升级。

近年来，伴随着互联网金融等创新和金融市场深化，中国金融体系的资产负债结构和盈利模式发生许多重大变化。其中比较引人关注的，一是中央银行的外汇储备和来自商业银行的存款准备金规模增长趋稳，二是商业银行通过与基金、证券、保险、信托等非银行金融机构合作推进表外业务创新和同业扩张，互联网金融也随着 IT 技术支持得到突破性进展，从而使银行脱媒化发展迅速，金融资源配置在金融体系内。同时，中国金融市场主体与实体经济主体相分割，资本市场结构不平衡，场外市场及资产证券化进展缓慢，也使得实体经济融资结构不合理，社会融资能力受到金融资源配置结构的制约。其结果就是使大量银行表内资金转移至表外，使得部分属于 M1 的活期存款流向属于 M2 中的信托存款等, 从而拉长了资金链条, 增加额外的信任和交易成本, 最终加重了实体经济的融资成本。这促使中央政府加强金融监管, 规范银行同业业务和理财业务。

有效引导金融机构优化金融资源配置, 盘活存量、优化增量, 改善和优化信贷结构和融资结构, 并鼓励金融有效支持经济结构调整和转型升级, 是中国金融深化中必须解决的问题之一。因此, 一方面要着力健全货币政策与金融监管政策相协调的宏观审慎管理框架, 着力创新金融调控差别性机制, 通过窗口指导、差别化存款准备金率、差别化存贷比、差别化监管费、财政贴息和税收激励等方式引导金融机构优化金融资源配置, 在优化增量的同时逐步调整盘活存量, 并有效服务于实体经济、支持经济结构调整和转型升级, 特别是加大对"三农"领域、新型城镇化和保障性住房、节能减排和低碳发展、新兴制造业、现代服务业等领域的金融支持, 在实施结构性金融政策的同时, 注意防范房地产市场资金链断裂引发金融风险。另一方面, 要加快完善金融市场建设, 更充分地发挥市场在金融资源配置中的决定性作用和价格传导机制。特别是要继续推动金融市场、金融产品、投资者和融资中介多元化发展, 加快发展多层次资本市场, 提高直接融资比重, 推动资本市场结构创新, 通过发展和完善多元化金融市场，方便金融和实体经济的结构调整。

第三，完善金融市场基准价格机制，优化金融市场价格功能和社会融资成本。

具体讲，要结合金融改革完善货币信贷市场和外汇市场，进一步推进利率市场化和人民币汇率逆周期形成机制，改善金融资源配置条件、提高金融资源配置效率。一要继续完善存款利率市场化条件，注意平衡市场利率定价自律机制和金融机构负债产品市场化定价范围。二要继续完善人民币汇率逆周期形成机制，根据其中的逆周期因子动态进行调整，扩大人民币在跨境贸易和投资中的使用，逐步推进人民币资本项目可兑换。

推进利率市场化，扩大金融机构利率自主定价权，目前的重点在于要继续扩大金融机构负债产品特别是社会存款的市场化定价范围。没有存款利率与贷款利率的市场均衡机制，单方面扩大金融机构贷款利率自主权，需要依托金融机构组成的市场定价自律和协调机制，否则社会融资成本会迅速提高从而损害实体经济发展。

在目前的国际经济格局下，货币政策和监管政策的双支柱框架必须促进内外币币值稳定的合理平衡，使人民币汇率在市场机制下的双向波动中合理平衡。容忍中国人民币对美元汇率过度、过快调整，既损害人民币汇率形成机制，也会对中国的外贸转型和经济发展产生不利影响。

中国的人民币国际化进程取得一定进展，要继续鼓励扩大人民币在跨境贸易和投资中的使用，但必须跟踪国际经贸动态对资本流动的影响，加强对跨境资本的有效监控。

三 稳步推进创新驱动发展战略，继续加强供给侧结构性改革

第一，以新理念新思想新战略深入推进供给侧结构性改革。正是基于对经济结构弊端和发展趋势的深刻把握，2015 年中央决定将供给侧改革作为中国经济进入新常态后经济工作的主线，提出要在适度扩大总需求的同时，着力加强供给侧结构性改革，着力提高供给体系质量和效率，增强经济持续增长动力，推动中国社会生产力水平实现整体跃升。为巩固经济结构良性变化趋势，实现经济长期稳定均衡有效增长，必须准确领会供给侧结构性改革的深刻内涵，继续以供给侧结构性改革为主线持续深化经济体制改革，深入推进"三去一降一补"改革任务，深化简政放权、放管结合、优化服务的改革内容，持续增加包括制度供给在内的有效供给。要用新理念新思想新战略深化供给侧结构性改革。去产能应当也必须立足于市场调节，

把着力点放在完善使市场在资源配置中起决定性作用的体制机制上。降成本应实行减税降费与削减政府支出联动，以政府支出规模的削减为企业降低税费负担腾挪空间。补短板要立足于经济发展新常态，从严重制约经济社会发展的重要领域和关键环节切入，从人民群众迫切需要解决的突出问题切入，既补硬短板也补软短板，既补发展短板也补制度短板。宏观经济政策应摆脱政策调整的局限，将政策调整与制度安排巧妙结合，以改革的办法实现供求关系新的动态均衡。

第二，破解制约创新驱动发展的突出矛盾和薄弱环节，优化创新驱动发展环境。当前，制约中国创新驱动发展的突出矛盾和薄弱环节主要在于中小微企业普遍受到传统金融机构的融资歧视、知识产权保护力度不够和高层次紧缺人才不足等方面。首先要丰富和创新中小微企业金融服务方式，解决其融资难题，促进中小微企业创新发展。作为国民经济最具活力和动力的市场主体，中小微企业创新发展的重要意义毋庸讳言。缺乏抵押品、筹资融资能力差、传统金融服务模式不匹配等是中小微企业发展过程中普遍面临的难题。要结合中小微企业的自身特点和发展阶段，加快供应链金融等服务模式创新，支持以从核心龙头或大型企业获得的应收账款为质押，为关联企业提供融资，发展贷款、保险、财政风险补偿捆绑的专利权质押融资新模式，搭建面向中小微企业的一站式投融资信息服务体系。其次，要加大知识产权保护力度。知识产权保护是推动创新发展的制度保障，也是国际经贸往来的基本规则。更大力度加强知识产权保护，有利于激发全社会的创新欲望，增强创新活动的有效性，营造创新发展的市场环境和社会氛围。要建立健全知识产权保护的长效机制，加强知识产权执法，针对重点领域、重点产业开展专项保护和维权援助工作。依托快速维权中心，开展专利快速审查、确权、维权综合服务。最后，要优化人才引进政策，加大人才引进力度。高层次和紧缺人才也是影响我国当前创新发展的关键重要节点。要从薪酬、编制、外籍人才居留制度等方面，进一步完善引进人才的软环境。落实高校和科研院所采取年薪制、协议工资制等形式引进高层次或紧缺人才。拓宽外籍人才工作居留向永久居留转换渠道，对外国专家来华工作和入境许可实行一口受理、一窗发放。

第三，完善战略性新兴产业支持政策，促进政策实施并发挥效力。发展战略性新兴产业是培育新动能的重要抓手，是深化供给侧结构性改革的重要途径，也是培育国家竞争新优势的重要支撑。国家发改委等相关部门已经制定多项规划和政策，明确工作安排，包括加快实施重大工程、加大财政金融支持力度等多项举措，大力推动战略新兴产业发展。在财政金融支持力度方面，将强化对创新企业的政策倾斜，通过加大政府采购、推进相关应用示范、建立补贴制度等方式方法，加大对云计算、分享经济、大数据、空间技术应用、循环经济等领域的支持力度。鼓励金融机构合法合规地采用投贷联动、股债结合等方式，进一步带动社会资金支持战略性新兴产业发展。要进一步梳理评判过往政策的有效性，完善政策支持体系，积极推动各项行之有效的政策落到实处。健康服务业事关全体人民切身福祉，作为需求巨大而迫切的新兴产业同样具有战略性意义。要积极贯彻建设健康中国的战略部署，尽快制定健康产业发展行动纲要，建立长效支持机制，完善投资、监管、财税等支持政策，推进医疗健康与养老、旅游、体育、互联网等有效融合，形成功能齐全、结构合理的产业支撑体系。当然，对战略性新兴产业某些领域可能的投资泡沫化倾向，也要通过公开数据透明信息及时作出预警，避免泡沫累积蔓延，促进行业健康有序发展。

第四，推进行政性垄断基础产业领域的改革、开放与竞争。中国正处在高速增长期结束后与成熟增长期到来之前的中速增长期区间，人均收入从8000美元向50000美元追赶。在此阶段，经济增长动能既来自现有的传统部门提升效率焕发新的活力，也来自新兴产业特别是服务业的发展、经济增长前沿的开拓性创新带来的增长空间等。而这些均有赖于能源、电信、融资、物流、土地等垄断性基础产业的改革、开放与竞争。中国的制造业为经济增长贡献了近三成的份额，但垄断性基础产业的效率不高，导致制造业成本过高，也严重制约了制造业竞争力的提升。新兴产业和前沿领域的开拓创新，更需要上述领域推进改革，放宽准入限制，促进有效竞争，降低社会支付成本。

四　促进新旧动能转换，垒实经济增长基础

从长期的发展来看，经济增长动力主要依赖于三大要素，即生产函数中的全要素生产率、资本和劳动力。

劳动力受到人口发展的自然规律制约，随着人口老龄化，中国的劳动力数量的增速已经由正转负，青壮年劳动力数量的下降会给国民经济增长带来非常不利的影响。当劳动力不能快速增加时，快速增加投资只会使得资本的边际产出迅速下降。不过我们在人口和劳动力方面仍然具有非常大的优势。其一是中国是一个人口大国，中国适龄劳动人口的数量即使在人口老龄化比较严重的时期仍然高达数亿；其二是中国劳动年龄人口的质量正在不断提升，这是因为中国十分重视教育，劳动年龄人口平均受教育年限呈上升趋势，不断释放教育红利、人力资源红利。《国家"十三五"

规划纲要》明确提出到 2020 年劳动年龄人口平均受教育年限从 2015 年的 10.2 年提高至 10.8 年。随着中国普及高中阶段教育，不断提高高等教育毛入学率，预计到 2050 年中国劳动年龄人口平均受教育年限达到 12.8 年，与 2014 年美国的 12.9 年相当。最后是中国劳动参与率，尤其是女性劳动参与率特别高，2015 年中国 15 岁及以上的女性劳动参与率接近 70%（在校学生除外），女性劳动参与率世界第一。随着中国女性的受教育水平越来越高，加上未来中国还将逐渐延迟退休年龄，可以预见未来 30 年内中国的女性劳动参与率仍将维持在高位。

随着中国经济从过去高速增长进入现阶段的中高速增长，中国的投资率有所下降，但是中国仍然存在着较长时间内投资抱着较高速增长的现实需要和实际可行性。其一，中国长期以来保持着很高的国民总和储蓄率，居民储蓄率尤其高，这为长期投资高速增长提供了现实可能性；其二，中国仍然存在着较大的基础设施投资空间。具体来说，尽管过去 20 多年时间里，中国加速了基础设施投资，城市基础设施建设已经达到了相当高的水准，但是中国仍然存在着广大的农村地区和落后地区基础设施建设落后的情况，加强对农村地区和落后地区的基础设施建设不仅有助于促进经济增长，还有助于缩小城乡发展差距和区域发展差距。最后，随着人口老龄化和社会经济的不断进步和发展，传统的一些投资领域潜力正在下降，但是现在又出现了一大批新兴的投资领域，中国作为发展中的大国，而且在从大国向强国的转变过程中，完全可以在新兴投资领域大显身手。只要找准方向，投资在中国的经济发展中仍然大有可为，投资仍然是中国长期经济增长的重要动力之一。

总的来说，未来20多年时间仍然是中国经济保持一定增速的战略机遇期，经济增长将发生新旧动能转换，而为了实现这种转换，因此建议如下。

首先，从劳动力数量驱动到劳动力质量驱动转变。过去30多年时间里，中国经历了人口抚养比不断下降的过程，人口红利成为促进经济增长的最重要影响因素之一。随着人口老龄化的到来，人口抚养比将不断增加，但是以教育年限增加为重要特征的人力资本质量的增加将可以大大降低老年抚养比增加给经济增长带来的危害。我们建议将义务教育年限扩大到12年，涵盖高中教育。同时继续免除公办普通高中建档立卡等家庭经济困难学生（含非建档立卡的家庭经济困难残疾学生、农村低保家庭学生、农村特困救助供养学生）学杂费，提供住宿费、伙食补贴费、交通补贴费等，使他们不仅能够上得了高中，还能上得起高中。

其次，优化投资结构，积极发展新兴领域。当前中国已经进入工业化后期阶段，投资的增速和资本产出回报率都在下降，但是中国仍然有很多新兴的投资领域。未来的新兴领域主要包括：（1）健康养老产业。由于中国日渐进入老龄社会，大量的老年人口必将催生巨大的老龄产业市场。（2）新材料。主要包括石墨烯、碳纤维、新兴膜材料和生物基材料。新材料是新经济的基石，随着基础化学、基础材料、纳米技术等方面的科研实力的不断积累，中国新材料领域的创新点将不断涌现，新材料将成为数万亿产值的市场。（3）新能源。包括新能源汽车、锂电池、超级电容等。可以说，中国是最大的新能源市场，发展新能源产业是改变中国的能源结构，降低对化石能源的依赖度，同时减少环境污染的必然选择。（4）机器人。中国人口老龄化问题日益突出、人工成本急剧上升以及整体经济结构面临转型，机器人未来的崛起及其巨大的市场规模已经被各大机构认可。我们认为未来无论短期或是长期，机器人行业的投资机遇巨大，从工业机器人、协作机器人到服务机器人均有十分可观的市场规模。（5）云计算和大数据。虽然中国云计算市场还处于萌芽期，但是其市场前景广阔。"大数据+"已经渗透到几乎所有行业，如以阿里巴巴为代表的"大数据+零售"、以丁香园为代表的"大数据+医疗"、以搜房网为代表的"大数据+房地产"等等。

（6）人工智能。经过过去几十年的技术积累和数据积累，人工智能已经出现了明显的规模效应，可以说人工智能重塑各行各业的大潮即将来袭，未来一段时间里，智能化大潮将会带来巨大的投资市场。（7）生命科学和生命技术。随着基因组学、分子生物学等基础学科的发展，生物制剂与生命科学技术正在治疗中发挥越来越重要的作用：生物制剂方面，越来越多的单抗药物对肿瘤、糖尿病等疑难杂症产生突破性疗效，一些具有颠覆性的新药频出。我们认为生物技术与生命科学无疑是大健康领域极为重要的投资方向，中国在这一领域完全可以说是大有可为。（8）医疗器械。医疗器械市场在国内起步较晚，但发展迅速，2001年至2014年，中国医疗器械市场规模从173亿元增长至2556亿元，增长了近15倍，复合增速达到23%。但从医疗器械市场规模与药品市场规模的对比来看，全球医疗器械市场规模大致为全球药品市场规模的40%，而中国这一比例低于15%，随着经济的发展以及国内老龄化程度的提高，医疗器械市场发展潜力巨大。

最后，加大研发强度，改革科研体制，促进全要素生产率提高。近些年来，随着中国经济实力的日益增强，中国也加大了研发投入，R&D占GDP的比重从1999年的0.83%上升至2016年的2.1%。但是科研管理体制改革滞后，使得科研产出与投入不相匹配。

个人认为科研管理体制改革可以从如下几个方面逐步推进，首先，项目经费投入方面的改革。从目前我们所了解的情况来看，中国财政支持的科研项目经费，国家级的项目往往被部分学术权威、"明星"科学家或者"圈内人"所把持，而真正潜心科研又没有关系的年轻科研人员往往得不到较多的经费支持，而项目立项后往往缺乏严格的监管机制和科学的评估机制，难以保障科研项目的产出效率，造成资源的大量浪费而出不了高水平的成果。因此，我们建议可以将主持科学研究的方式从过去的"前端立项投入"为主改为"采购已有科研成果"为主的方式，激励科研人员在已有成果的基础上进一步专心搞科研。其次，改革科技评价体系和科技奖励体制。科研评价体系是科研管理的一个核心问题，由于科学研究活动是由具有博弈行为的人参与的特殊复杂系统，对其进行具体管理与评价，不应当以"数量化""一刀切""投票法"或"行政化"等简单做法来决定。具体而言，对基础研究成果应该依据其学术价值或对科技发展所起的实质性推动作用，主要由公认的学术组织和学术团体来评价奖励；而对应用性研究成果应该考察其实际应用效果和推广情况，主要通过市场机制等来进行评判和奖励。一项奖励的权威性不应该取决于组织评审部门的行政级别或职能大小，奖励也不宜过多过滥。最后，科研机构和高等院校应逐步实施去行政化改革，回归学术本位。中国高等教育长期以来所形成的行政化趋向，和中国的经济社会发展以及现行的干部管理制度是分不开的。高校行政化存在的弊端已经严重阻碍了中国对优秀人才的培养，制约了中国高校的发展，同时也容易导致学术腐败。推动科研机构和高等院校改革，逐步去除官本位，回归学术本位是推动中国科技创新的另一个重要动力之一。

五　深化行政体制改革，积极转变政府职能

推进"供给侧结构性改革"、激活市场和激励企业的关键是处理好政府与市场的关系。由于传统生产要素供给（如资本和劳动力）已经呈现规模收益递减效应，中国未来可持续发展必须依靠以全要素生产率为代表的新要素（信息、技术、创新、管理等），而这些新生产要素的培育、发展和成长需要宽松而自由的市场环境。因此，新一届政府应将职能转变作为深化行政体制改革的核心，通过建立有法律效力的"权力清单""负面清单""责任清单"来确定政府和市场的合理边界，消除不作为和乱作为行为，最大限度地减少政府对微观事务的管理和干涉，同时完善政府决策权、执行权、监督权既相互制约又相互协调的行政运

行机制，加大简政放权力度，进一步开放市场，激发市场活力，发挥市场能动性和资源配置的决定性作用，在市场主导下建立价格形成机制、成本传导机制和投资回报机制，使要素投入、成本约束和投资回报相匹配，由市场主导行业、产品、项目的组织和技术路线及方向，让市场自主淘汰落后和过剩产能，通过"大众创业、万众创新"和私人资本市场化运营激发市场发展动力和社会消费市场，严防"把市场关进权力的笼子里"。

六　打破垄断，改革国有企业体制，营造充分而公平竞争的市场发展环境

无论是世界史还是经济学理论都证明了：垄断不仅会激化市场矛盾，阻碍产业转型升级和转型，而且会遏制技术与管理水平的创新，并且会激化社会矛盾、降低资源配置效率和影响社会财富公平分配。目前，严重阻碍中国企业研发积极性的因素来自两个方面：一是企业的短期行为；二是企业的垄断行为。由于研发需要大量的资金和人力长期投入，而且收益很难即刻显现，因此，一个追求短期利益的企业基本没有动力进行研发。此外，当企业利益大量来自政府所给予的特殊垄断地位时，企业也没有足够的激励去进行研发。而追求短期利益和过分依靠政府所给予的垄断和

补贴的恰恰是中国大多数国有企业的通病。与此同时，由于中国还存在一些垄断性产业政策，加之电信等服务业等领域对民间资本开放程度不高，民间资本很难进入这些竞争性领域，这不仅不利于资源的有效配置，而且不利于发挥民间资本的重要作用，更重要的是这种不公平的发展制度严重阻碍着技术创新和生产者激励机制。因此，对国有企业进行体制改革，消除垄断，引入竞争机制，通过改变国有企业干部任免制度和考核机制，消除国有企业短期行为，进一步放开高端制造业、现代服务业的市场准入等是建设自主研发和创新型经济的重要基础。中国能不能走出中等收入陷阱，能不能转向自主研发和创新型经济，关键之一在于国有企业体制改革，促使国有企业成为自主研发和技术创新的中坚力量。政府作为社会管理者，其主要职责之一是营造公平竞争的市场环境，因此，政府应努力通过相关法律法规的制定和完善，加快形成统一开放、竞争有序的市场体系，建立公平竞争保障机制，打破地域分割和行业垄断，从而更好地激发市场经济活力和创造力。

七　增强自主创新能力，改善科技创新的机制和环境

现代企业的竞争核心实质上是技术的竞争，企业

唯有重视科研和科技创新，才能拥有自己的核心技术，从而真正掌握自己的命运，才能在各种环境下长期生存和发展。当前，中国经济发展处于产业结构调整升级的关键时期，出口面临的环境也日益严峻，这种环境下迫切要求加强和依靠科技创新。一方面，结合"供给侧结构性改革"的发展契机，制定和完善提升企业自主创新能力和意愿的相关规划和产业政策，建立健全创新风险投资机制，促进风险投资机构发展，优化财税改革和企业科技研发管理法律，出台真正能够鼓励、引导企业加大研发投入力度和自主创新意愿的科技政策，切实解决目前困扰企业研发投入的后顾之忧；同时，完善投融资政策，通过对知识产权质押担保，多路技术，科学和科技保险，高新区债券，风险投资基金来解决融资难的问题，实现企业的技术创新；另一方面，强化知识产权保护力度，完善科技成果转化和产业化的支持体系、技术服务体系、技术产权交易体系，真正在中国建立起知识产权保护的企业外部环境，使企业自主创新的经济利益和社会效益得到充分保障。让科技人员富起来，是激发企业和人才投身科研、积极创新的直接而有效手段。

参考文献

1. 娄峰：《中国经济—能源—环境—税收动态可计算一般均衡模型理论及应用》，中国社会科学出版社2015年版。

2. 中国宏观经济预测课题组：《2016中国宏观经济形势分析及预测（春季版）》，社会科学文献出版社2016年版。

3. 中国宏观经济预测课题组：《2015—2016年中国宏观经济形势分析及预测（秋季版）》，社会科学文献出版社2015年版。

3. 陈远燕：《支持高新技术企业自主创新的税收政策研究》，《金融经济》2010年第11期。

4. 邓金堂：《基于自主创新目标的国有高新技术企业激励机制研究》，经济科学出版社2007年版。

5. 范柏乃：《面向自主创新的财税激励政策研究》，科学出版社2010年版。

6. 国家税务总局政策法规司：《中国税收政策前沿问题研究（第六辑）》，中国税务出版社 2011 年版。

7. 国务院：《关于印发实施〈国家中长期科学和技术发展规划纲要（2006—2020 年）〉若干配套政策的通知》，国发〔2006〕6 号。

8. 黄国斌、田志康：《促进科技创新的税收激励政策——英美等国的主要经验及其启示》，《经济管理》2008 年第 2 期。

9. 蒋建军、齐建国：《激励企业 R&D 支出的税收政策效应研究》，《中国软科学》2007 年第 8 期。

10. 李丽青：《企业 R&D 投入与国家税收政策研究》，博士学位论文，西北大学，2006 年。

11. 娄贺统：《企业技术创新的税收激励效应研究》，立信会计出版社 2010 年版。

12. 匡小平、肖建华：《我国自主创新能力培育的税收优惠政策整合——高新技术企业税收优惠分析》，《当代财经》2008 年第 1 期。

13. 梅月华：《关于促进资助创新的税收政策及相关税收管理体制研究》，财政部财政科学研究所 2012 年版。

14. 孙敬水：《科技税收政策的国际经验及其对我国的启示》，《科学学研究》2002 年第 4 期。

15. 席鹭军：《创新型国家自主创新财税政策经验及对

我国的启示》，《求实》2010 年第 4 期。

16. 杨明：《高新技术企业自主创新能力的税收政策研究》，《黑龙江对外经贸》2011 年第 3 期。

17. 朱岩梅、吴霁虹：《我国创新型中小企业发展的主要障碍及对策研究》，《中国软科学》2009 年第 9 期。

18. 朱平芳、徐伟民：《政府的科技激励政策对大中型工业企业 R&D 投入及其专利产出的影响》，《经济研究》2003 年第 6 期。

娄峰，安徽临泉人，2005 年 7 月毕业于对外经济贸易大学，获得金融学博士学位，现任中国社会科学院数量经济与技术经济研究所经济系统分析研究室主任，研究员。主要研究领域：宏观经济预测及政策模拟分析。主要代表学术出版物及学术论文包括（1）专著：《中国经济—能源—环境—税收动态可计算一般均衡模型理论及应用》，中国社会科学出版社 2015 年版；（2）专著：《大数据经济学与中国经济社会复杂系统 CGE 模型构建及应用》，中国社会科学出版社 2015 年版；（3）学术论文：《中国城镇居民消费需求的动态实证分析》，《中国社会科学》2009 年第 3 期；（4）学术论文：《中国财政再分配效应测算》，《经济研究》2017 年第 1 期；（5）学术论文：《中国间接税归宿：作用机制与税负测算》，《世界经济》2017 年第 9 期；（6）学术论文：《中国企业价格刚性研究：基于扩展的双粘性菲利普斯曲线》，《中国工业经济》2016 年第 2 期。主持和参与几十项国家社科基金、国家自然基金、部委课题；获得部级一等奖 1 项、部级二等奖 2 项、部级三等奖 4 项、中国数量经济学年会一等奖 2 项；2009 年，获得数量经济与技术经济研究所"优秀青年"称号；2011 年，获得中国共产党建党 90 周年中国社会科学院数量经济与技术经济研究所"优秀青年"称号。